中国电子信息工程科技发展研究

海洋网络信息体系专题

中国信息与电子工程科技发展战略研究中心

科学出版社

北京

内容简介

本书以全球视角，按照"三网四化"的整体架构，梳理了海洋网络信息体系领域的发展状况，包括2021年度相应的顶层规划、政策法规、重大项目和工程事件；通过海洋能源网、信息网、物联网(三网)构成的基础设施，全面促进海洋农业现代化、海洋工业现代化、海洋服务业现代化以及海洋治理现代化(四化)，同时总结了我国海洋网络信息体系发展存在的挑战与问题；进而从总体构想(发展目标、发展方向、发展重点等)、体系架构和推动路径三方面，展望了我国海洋网络信息体系的未来发展方向，并总结了我国海洋网络信息体系发展的热点和亮点；最后梳理了海洋网络信息体系领域的年度热词，介绍了其基本含义及应用水平，整理了领域量化指标并对比了世界先进水平。

本书适合水声工程、通信工程、物理海洋学等专业的本科生和研究生阅读，亦可供相关领域的高等院校教师和产业工程科技人员参考。

图书在版编目（CIP）数据

中国电子信息工程科技发展研究. 海洋网络信息体系专题/中国信息与电子工程科技发展战略研究中心编著. —北京：科学出版社，2022.9
ISBN 978-7-03-073078-7

Ⅰ. ①中… Ⅱ. ①中… Ⅲ. ①电子信息-信息工程-科技发展-研究-中国②海洋-网络信息资源-科技发展-研究-中国 Ⅳ. ①G203②TP72

中国版本图书馆 CIP 数据核字（2022）第 162510 号

责任编辑：赵艳春 / 责任校对：胡小洁
责任印制：吴兆东 / 封面设计：迷底书装

科学出版社 出版
北京东黄城根北街 16 号
邮政编码：100717
http://www.sciencep.com

北京虎彩文化传播有限公司 印刷
科学出版社发行　各地新华书店经销

*

2022 年 9 月第 一 版　开本：890×1240 1/32
2022 年 9 月第一次印刷　印张：6 3/4
字数：162 000
定价：88.00 元
（如有印装质量问题，我社负责调换）

《中国电子信息工程科技发展研究》指导组

组　长：
　　吴曼青　费爱国
副组长：
　　赵沁平　余少华　吕跃广
成　员：
　　丁文华　刘泽金　何　友　吴伟仁
　　张广军　罗先刚　陈　杰　柴天佑
　　廖湘科　谭久彬　樊邦奎
顾　问：
　　陈左宁　卢锡城　李天初　陈志杰
　　姜会林　段宝岩　邬江兴　陆　军

《中国电子信息工程科技发展研究》工作组

组　长：
　　　　余少华　陆　军
副组长：
　　　　安　达　党梅梅　曾倬颖

国家高端智库

中国信息与电子工程科技发展战略研究中心
CHINA ELECTRONICS AND INFORMATION STRATEGIES

中国信息与电子工程科技
发展战略研究中心简介

中国工程院是中国工程科学技术界的最高荣誉性、咨询性学术机构,是首批国家高端智库试点建设单位,致力于研究国家经济社会发展和工程科技发展中的重大战略问题,建设在工程科技领域对国家战略决策具有重要影响力的科技智库。当今世界,以数字化、网络化、智能化为特征的信息化浪潮方兴未艾,信息技术日新月异,全面融入社会生产生活,深刻改变着全球经济格局、政治格局、安全格局,信息与电子工程科技已成为全球创新最活跃、应用最广泛、辐射带动作用最大的科技领域之一。为做好电子信息领域工程科技类发展战略研究工作,创新体制机制,整合优势资源,中国工程院、中央网信办、工业和信息化部、中国电子科技集团加强合作,于2015年11月联合成立了中国信息与电子工程科技发展战略研究中心。

中国信息与电子工程科技发展战略研究中心秉持高层次、开放式、前瞻性的发展导向,围绕电子信息工程科技发展中的全局性、综合性、战略性重要热点课题开展理论研究、应用研究与政策咨询工作,充分发挥中国工程院院士,国家部委、企事业单位和大学院所中各层面专家学者的智力优势,努力在信息与电子工程科技领域建设一流的战略思想库,为国家有关决策提供科学、前瞻和及时的建议。

《中国电子信息工程科技发展研究》
编写说明

当今世界，以数字化、网络化、智能化为特征的信息化浪潮方兴未艾，信息技术日新月异，全面融入社会经济生活，深刻改变着全球经济格局、政治格局、安全格局。电子信息工程科技作为全球创新最活跃、应用最广泛、辐射带动作用最大的科技领域之一，不仅是全球技术创新的竞争高地，也是世界各主要国家推动经济发展、谋求国家竞争优势的重要战略方向。电子信息工程科技是典型的"使能技术"，几乎是所有其他领域技术发展的重要支撑，电子信息工程科技与生物技术、新能源技术、新材料技术等交叉融合，有望引发新一轮科技革命和产业变革，给人类社会发展带来新的机遇。电子信息工程科技作为最直接、最现实的工具之一，直接将科学发现、技术创新与产业发展紧密结合，极大地加速了科学技术发展的进程，成为改变世界的重要力量。电子信息工程科技也是新中国成立 70 年来特别是改革开放 40 年来，中国经济社会快速发展的重要驱动力。在可预见的未来，电子信息工程科技的进步和创新仍将是推动人类社会发展的最重要的引擎之一。

把握世界科技发展大势，围绕科技创新发展全局和长远问题，及时为国家决策提供科学、前瞻性建议，履行好国家高端智库职能,是中国工程院的一项重要任务。为此,中国工程院信息与电子工程学部决定组织编撰《中国电子信息工程科技发展研究》(以下简称"蓝皮书")。2018 年 9 月至今,编撰工作由余少华、陆军院士负责。"蓝皮书"分综合篇和专题篇,分期出版。学部组织院士并动员各方面专家 300 余人参与编撰工作。"蓝皮书"编撰宗旨是:分析研究电子信息领域年度科技发展情况,综合阐述国内外年度电子信息领域重要突破及标志性成果,为我国科技人员准确把握电子信息领域发展趋势提供参考,为我国制定电子信息科技发展战略提供支撑。

"蓝皮书"编撰指导原则如下:

(1) 写好年度增量。电子信息工程科技涉及范围宽、发展速度快,综合篇立足"写好年度增量",即写好新进展、新特点、新挑战和新趋势。

(2) 精选热点亮点。我国科技发展水平正处于"跟跑""并跑""领跑"的三"跑"并存阶段。专题篇力求反映我国该领域发展特点,不片面求全,把关注重点放在发展中的"热点"和"亮点"问题。

(3) 综合与专题结合。"蓝皮书"分"综合"和"专题"两部分。综合部分较宏观地介绍电子信息科技相关领域全球发展态势、我国发展现状和未来展望;专题部分则分别介绍 13 个子领域的热点亮点方向。

5 大类和 13 个子领域如图 1 所示。13 个子领域的颗粒度不尽相同,但各子领域的技术点相关性强,也能较好地与学部专业分组对应。

```
┌─────────────────────────────────┐
│         应用系统                 │
│       7. 水声工程                │
│      12. 计算机应用              │
└─────────────────────────────────┘

┌──────────┐ ┌──────────────┐ ┌──────────────────┐
│ 获取感知  │ │  计算与控制   │ │   网络与安全      │
│ 4. 电磁空间│ │  9. 控制     │ │  5. 网络与通信    │
│          │ │ 10. 认知     │ │  6. 网络安全      │
│          │ │11. 计算机系统与软件│ │13. 海洋网络信息体系│
└──────────┘ └──────────────┘ └──────────────────┘

┌─────────────────────────────────┐
│         共性基础                 │
│      1. 微电子光电子             │
│         2. 光学                  │
│      3. 测量计量与仪器           │
│    8. 电磁场与电磁环境效应       │
└─────────────────────────────────┘
```

图 1　子领域归类图

前期,"蓝皮书"已经出版了综合篇、系列专题和英文专题,见表 1。

表 1　"蓝皮书"整体情况汇总

序号	年份	中国电子信息工程科技发展研究——专题名称
1		5G 发展基本情况综述
2		下一代互联网 IPv6 专题
3		工业互联网专题
4		集成电路产业专题
5	2019	深度学习专题
6		未来网络专题
7		集成电路芯片制造工艺专题
8		信息光电子专题
9		可见光通信专题
10	大本子	中国电子信息工程科技发展研究(综合篇 2018—2019)

续表

序号	年份	中国电子信息工程科技发展研究——专题名称
11	2020	区块链技术发展专题
12		虚拟现实和增强现实专题
13		互联网关键设备核心技术专题
14		机器人专题
15		网络安全态势感知专题
16		自然语言处理专题
17	2021	卫星通信网络技术发展专题
18		图形处理器及产业应用专题
19	大本子	中国电子信息工程科技发展研究（综合篇 2020—2021）
20	2022	量子器件及其物理基础专题
21		微电子光电子专题*
22		测量计量与仪器专题*
23		网络与通信专题*
24		网络安全专题*
25		电磁场与电磁环境效应专题*
26		控制专题*
27		认知专题*
28		计算机应用专题*
29		海洋网络信息体系专题*
30		智能计算专题*

* 近期出版。

从 2019 年开始，先后发布《电子信息工程科技发展十四大趋势》和《电子信息工程科技十三大挑战》（2019 年、2020 年、2021 年、2022 年）4 次。科学出版社与 Springer 出版社合作出版了 5 个专题，见表 2。

表 2　英文专题汇总

序号	英文专题名称
1	Network and Communication
2	Development of Deep Learning Technologies
3	Industrial Internet
4	The Development of Natural Language Processing
5	The Development of Block Chain Technology

相关工作仍在尝试阶段，难免出现一些疏漏，敬请批评指正。

中国信息与电子工程科技发展战略研究中心

前　言

习近平总书记在中共中央政治局第八次集体学习时强调："要进一步关心海洋、认识海洋、经略海洋，推动我国海洋强国建设不断取得新成就"，指明了海洋事业发展的方向。十八大以来，党中央、国务院高度重视海洋产业发展，做出了建设"海洋强国"、"网络强国"的战略部署以及建设"21世纪海上丝绸之路"的重大倡议，走向蓝海、经略海洋已成为中华民族伟大复兴的战略选择，如何依托并利用好海洋成为国家可持续发展的关键。构建具有自主知识产权的海洋信息网络体系，是贯彻国家海洋战略的重要举措，对于保障国家海洋安全、引领海洋科技发展、促进海洋经济增长具有重要意义。

海洋孕育了生命，也哺育着人类文明。21世纪是海洋的世纪，随着开发和利用海洋的步伐加快，海洋的作用及影响与日俱增，但目前人类对海洋的认识还不到5%；特别是深海与极地、外空和赛博空间并列为"战略新疆域"，海洋发展与安全已成为人类社会发展面临的挑战。海洋作为我国经济社会发展的重要战略空间，是孕育新产业、引领新增长的重要领域，在国家经济发展全局中的地位和作用日益突出。海上丝绸之路必经的"两洋一海"(西太平洋、印度洋和中国南海)，既是我国海洋贸易交流的主要通道，同时又是海上台风、巨浪、水下内波等多种环境灾害的频发区域，海气及海洋内部多尺度相互作用强烈。随着海上丝绸之路海外合作的不断深入，各类航道、桥梁、港口等重大基础设施和工程建设迫切需要对海洋环境有全方位的认识，同时需要对我国近岸、近海和"两洋一海"区域开展针对性研究。总之，全面加强海洋信息化建设，是积极应对气候变化和主动服务国家海洋经济社会发展的重要举措，是建设海洋强国的重要基础，是提升海上综合管控能力及有效维护海洋权益的重要保障。

海洋网络信息技术是利用网络及信息技术观测海洋、认识海洋、开发利用海洋资源、保护海洋环境，维护国家海洋安全以及为涉海用户提供信息保障、网络传输交换、信息应用服务等各项技术的总称。面对海洋这个"复杂巨系统"，需要积极引入物联网、大数据、云计算、人工智能等新一代信息技术，将海洋能源网、信息网和物联网("三网")统筹考虑，实现"三网合一"，建立海上绿色可持续能源重大基础保障设施，搭建天地一体、陆海兼顾、机固结合的海洋信息基础设施，构建全球海洋信息共享数据平台，打造新时期海上新基建，从而以信息化手段加速推动海洋农业现代化、海洋工业现代化、海洋服务业现代化和海洋治理现代化("四化")进程，实现海洋蓝色经济又好又快发展。

本书结构框架如全景图 1 所示，全书以全球视角，按照"三网四化"的整体架构，梳理了海洋网络信息体系领域的发展状况。在全球海洋网络信息体系发展态势部分，阐述了海洋的特点及海洋信息化建设的意义和必要性，整理了 2021 年度联合国教科文组织、全球主要国家在海洋的顶层规划与政策法规，以及全球海洋信息领域发生的重大科研项目和重大事件；通过海洋能源网、信息网和物联网构成的基础设施，全面促进海洋农业现代化、海洋工业现代化、海洋服务业现代化以及海洋治理现代化；在我国的海洋网络信息体系发展现状部分，梳理了我国的海洋规划与政策以及重大工程和事件，阐释了我国海洋网络信息体系的架构及行业应用，并总结了我国海洋网络信息体系发展存在的挑战与问题。本书紧接着从总体构想(发展目标、发展方向、发展重点等)、体系架构和推动路径三个方面，展望了我国海洋网络信息体系的未来发展方向，并从基础理论、关键技术以及行业应用等方面总结了我国海洋网络信息体系发展的热点和亮点。最后，梳理了海洋网络信息体系领域的年度热词，介绍了其基本含义及当前应用水平，整理了领域技术类型、产业类型和发展类型等相应的量化指标并对比了世界先进水平。全景图 2 从"三网"及"四化"的角度提纲挈领地展示了国内及国外海洋网络信息体系领域的发展趋势、发展概览及发展过程中的热点和亮点。

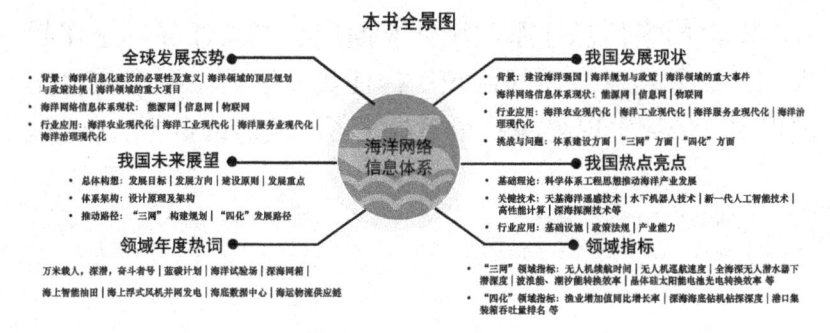

图 1　本书结构框架

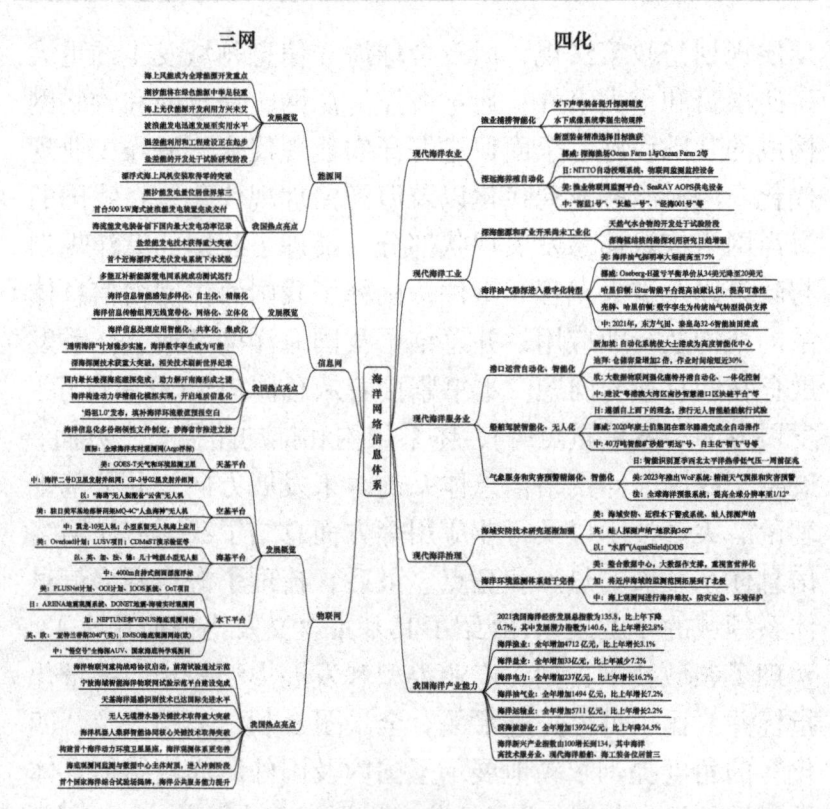

图 2　海洋网络信息体系

　　海洋网络信息体系领域涉及面广、交叉性强且正在起步，正如人类对海洋的认知一样任重而道远。本书在写作过程中，难免出现疏漏甚至不当之处，敬请读者不吝指正。

专家组名单

姓名	工作单位	职务/职称
王小谟	中国电科集团电科院	院士
吴立新	青岛海洋科学与技术试点国家实验室	院士
邱志明	海军研究院	院士
张平	北京邮电大学	院士
刘清宇	中国人民解放军92578部队	研究员
崔晓健	国家海洋信息中心	副主任/研究员
易宏	上海交通大学	教授
方世良	东南大学	教授
张在琛	东南大学	教授
位寅生	哈尔滨工业大学	教授
周志权	哈尔滨工业大学	教授
王金相	南京理工大学	教授
刘兴江	中国电科第18研究所	研究员
王冬海	中国电科集团电科院	研究员
陈小宝	中国电科第23研究所	研究员
王劲松	中国电科第49研究所	研究员
张雪松	中国电科集团电科院	研究员
李胜全	鹏城实验室	研究员

注：排名不分先后

撰写组名单

姓名	工作单位	职务/职称
陆军	中国电科集团电科院	院士
乔永杰	中国电科集团电科院	研究员
钱洪宝	中国电科集团电科院	高工
王成才	中国电科集团电科院	高工
陈宇翔	中国电科集团电科院	工程师
谭华	青岛海洋科学与技术试点国家实验室	副主任/高工
苏亮	青岛海洋科学与技术试点国家实验室	高工
刘睿	青岛海洋科学与技术试点国家实验室	工程师
彭艳	上海大学	院长
齐俊桐	上海大学	副院长
郑建勇	上海大学	研究员
崔东华	中国人民解放军 91054 部队	研究员
石静	中国人民解放军 91054 部队	研究员
肖玉杰	中国人民解放军 91054 部队	副研究员
何翼	中国人民解放军 91054 部队	工程师
王慎	中国人民解放军 91776 部队	助理研究员
任兴元	国家海洋信息中心	部长
熊伟	海军航空大学	教授

续表

姓名	工作单位	职务/职称
刘瑜	海军航空大学	教授
高鹏	中国电科第18研究所	研究员
王赫	中国电科第18研究所	研究员
肖琳	中电科海洋信息技术研究院有限公司	研究员
陈晓露	中电科海洋信息技术研究院有限公司	研究员
朱涛	中电科海洋信息技术研究院有限公司	工程师
姜明	鹏城实验室	博士后
张琪	鹏城实验室	博士后
吴勃	鹏城实验室	助理研究员
赖叶平	鹏城实验室	助理研究员
闫文东	鹏城实验室	工程师
王珍珍	鹏城实验室	工程师
胡呈祖	鹏城实验室	工程师
冯志勇	北京邮电大学	院长/研究员
黄赛	北京邮电大学	副教授
安良	东南大学	副主任/教授
陶俊	东南大学	教授
高翔	东南大学	副教授
张胜利	深圳大学	副院长/教授
王晨旭	哈尔滨工业大学	教授
蔡春伟	哈尔滨工业大学	教授
罗清华	哈尔滨工业大学	副教授

续表

姓名	工作单位	职务/职称
黄海滨	哈尔滨工业大学	副教授
王金龙	哈尔滨工业大学	讲师

注：排名不分先后

目 录

《中国电子信息工程科技发展研究》编写说明
前言
第1章 全球发展态势 ································· 1
  1.1 背景 ·· 1
    1.1.1 海洋信息化建设的必要性及意义 ········ 1
    1.1.2 海洋领域的顶层规划与政策法规 ········ 3
    1.1.3 海洋领域的重大项目 ················· 6
  1.2 现状 ·· 9
    1.2.1 海洋能源网 ························ 10
    1.2.2 海洋信息网 ························ 26
    1.2.3 海洋物联网 ························ 34
  1.3 行业应用 ··································· 47
    1.3.1 海洋农业现代化 ··················· 48
    1.3.2 海洋工业现代化 ··················· 53
    1.3.3 海洋服务业现代化 ················· 57
    1.3.4 海洋治理现代化 ··················· 60
第2章 我国发展现状 ······························· 63
  2.1 背景 ······································· 63
    2.1.1 海洋规划与政策 ··················· 63
    2.1.2 海洋领域的重大事件 ··············· 65
  2.2 现状 ······································· 67
    2.2.1 海洋能源网 ························ 68

2.2.2　海洋信息网 ································· 75
　　2.2.3　海洋物联网 ································· 79
2.3　行业应用 ··· 83
　　2.3.1　海洋农业现代化 ····························· 84
　　2.3.2　海洋工业现代化 ····························· 87
　　2.3.3　海洋服务业现代化 ··························· 89
　　2.3.4　海洋治理现代化 ····························· 93
2.4　挑战与问题 ·· 94
　　2.4.1　体系建设方面 ································· 94
　　2.4.2　"三网"方面 ································· 95
　　2.4.3　"四化"方面 ································ 101

第3章　我国未来展望 ································ 106
3.1　引言 ··· 106
3.2　总体构想 ··· 107
　　3.2.1　发展目标 ·· 107
　　3.2.2　发展方向 ·· 108
　　3.2.3　建设原则 ·· 110
　　3.2.4　发展重点 ·· 113
3.3　体系架构 ··· 115
　　3.3.1　设计原理 ·· 115
　　3.3.2　体系架构 ·· 117
3.4　推动路径 ··· 119
　　3.4.1　海洋能源网的总体规划 ················· 119
　　3.4.2　海洋信息网的技术规划 ················· 122
　　3.4.3　海洋物联网的体系构建 ················· 131
　　3.4.4　海洋四个现代化的发展路径 ········· 136

第 4 章　我国热点亮点 ……………………… 141
4.1　概述 ……………………………………… 141
4.2　基础理论 …………………………………… 142
4.3　关键技术 …………………………………… 142
4.3.1　海洋能源网 …………………………… 143
4.3.2　海洋信息网 …………………………… 146
4.3.3　海洋物联网 …………………………… 148
4.4　行业应用 …………………………………… 150
4.4.1　基础设施 ……………………………… 150
4.4.2　政策法规 ……………………………… 152
4.4.3　产业能力 ……………………………… 153
第 5 章　领域年度热词 ……………………… 158
第 6 章　领域指标 …………………………… 169
参考文献 ………………………………………… 173

第 1 章 全球发展态势

1.1 背　　景

1.1.1 海洋信息化建设的必要性及意义

与陆地相比，海洋更加复杂多变[1]：一是海洋面积大，共有 3.62 亿平方公里，约占地球表面积的 71%；二是海洋区域划分方式多样，可分为沿海、近海、远海、浅海陆坡、陆架、岛礁区、深海、领海、专属经济区、公海、大洋、极区等；三是海洋活动主体分散，在大海上航行的船只约有 37.89 万艘，平均每 935 平方公里才有 1 艘船；四是海洋环境多变，海洋气象环境、海洋活动主体等都是动态变化的。故此，针对海洋大、分、散、变的特点，海洋信息对于人类认识海洋和经略海洋占据基础性地位[1]。

作为网络信息体系不可或缺的重要组成部分，海洋网络信息体系是促进海洋信息网络化、海洋产业现代化的主要载体，是落实海洋强国战略、创新驱动战略、"一带一路"倡议的重要抓手，更是实现人类命运共同体的必由之路。海洋网络信息体系的构建对于引领海洋科技创新、促进海洋经济可持续发展、维护国际海洋秩序、保障国家安全等具有重要意义[2]。

1. 海洋科技发展的创新途径

海洋网络信息技术是利用信息技术观测海洋、认识海洋、开发利用海洋资源、保护海洋环境、维护国家海洋安全以及为涉海用户提供信息保障、信息交换、应用服务等各项技术的总称。发展海洋网络信息技术，对感知通信系统、信息中心、终端装备、服务类型等提出了新的需求，同时海洋网络信息体系作为新一代信息技术的重要载体和创新平台，有利于促进我国相关信息产业发展、提升科技创新实力。例如，建设"智慧海洋"已成为国家新时期海洋信息化建设的重要方向，其发展定位是引导我国"海洋智能化技术革命 4.0"信息基础能力建设，带动海洋智能科技创新与核心信息装备研发。

2. 海洋经济可持续发展的基础条件

海洋经济可持续发展需要海上交通、作业环境等多方面基础条件保障。海上丝绸之路是"一带一路"建设的重要组成部分，是我国与世界各国经贸往来的重要途径。海洋信息化可大幅提高船舶交通航行安全，显著降低航行事故概率，是海上航运安全的有力保障；同时，也是实现海上联合应急救援的必要手段，可有效缩短救援响应时间，是海上丝绸之路信息化的重要保障条件。利用海洋网络信息技术，加强海域气象、水文等环境参数监测和数值预报，有利于降低出海舰船作业风险；加强海上船舶行为监管，有利于进行海域资产保护；加强海域污染物在线监测，有利于保护海域生态资源；加强海域自然灾害监测预警，有利于减少政府和民间生命财产损失。

3. 维护国际海洋秩序的战略基石

发展海洋网络信息体系,推动海洋信息基础设施建设,将为我国海洋强国发展战略奠定重要的技术和装备基础,对于建设 21 世纪海上丝绸之路、促进世界和平发展具有重要作用。

4. 国家安全战略的可靠保障

海洋是国家安全的重要屏障,海洋的环境保障在一定程度上决定着海上作战的成败。因此,必须提升我国的海洋环境监测及对水面/水下目标的侦察监视技术手段和预报预警能力,为有效维护我国海洋权益做好信息服务装备技术支撑。提升海洋信息化能力,拓展战略防御纵深,是保障国防安全的必要手段。

1.1.2 海洋领域的顶层规划与政策法规

1. 全球性和区域性海洋规划

为进一步加强海洋研究和技术创新,推动海洋科学领域的国际合作,联合国教科文组织于 2017 年第 72 届联大通过决议,宣布 2021 年至 2030 年为"可持续发展十年"(简称"海洋十年")[3],并授权联合国教科文组织政府间海洋学委员会(UNESCO-IOC)牵头制定实施计划,从而更好地协调研究方案、观测系统、能力建设、海洋空间规划和减少海上风险,以改善对海洋和沿海地区资源的管理,同时鼓励和动员科学界、决策者、企业和民间社会之间在海洋研究方面的协调合作[4]。2020 年第 75 届联大审议通过了"海洋十年"《实施方案》,并于 2021 年 1 月正式启动该计划。

"海洋十年"的愿景是"构建我们需要的科学，打造我们想要的海洋(The Science We Need for the Ocean We Want)"，使命是"推动形成变革性的科学解决方案，促进可持续发展，将人类和海洋联结起来"，是联合国促进海洋可持续发展的重要决议和未来十年最重要的全球性海洋科学倡议，将对海洋科学发展和全球海洋治理产生深远影响[3]。它所设想的不亚于一场海洋科学的革命，将引发人类与海洋关系的一步步改变。"海洋十年"还将为实现17个可持续发展目标提供支持，旨在加强全球合作伙伴关系，以实现《2030年可持续发展议程》中确立的各项具体目标。

随着全球性"海洋十年"计划的启动，区域性的合作决议和实施计划应运而生。2020年5月，欧盟委员会发布《欧盟2030年生物多样性战略——让自然重回我们的生活》，把设定"2030年保护30%海洋"的目标与BBNJ(国家管辖范围以外区域海洋生物多样性)新协定、在南极威德尔海和东南极设立海洋保护区提案等列为重要议题[5]。2020年12月，欧盟委员会发布《全球变局下的欧美新议程》，谋划与美国在跨大西洋和全球范围内构建共同引领的全球海洋治理新秩序[5]。2021年7月，由中国担任主席国、通过视频方式召开的金砖国家(BRICS)"海洋与极地科学"专题领域工作组第四届会议，就优先合作领域、能力建设、联合航次、"联合国海洋十年规划"框架合作等方面达成决议声明，包括更新海洋观测与预测、全球深渊海沟勘探、海洋生态系统健康、极地联合研究等为具体优先合作领域和潜在合作方向；积极推动海洋与极地领域的培训班和暑期课程、交换生和访问学者等机制，鼓励青年科学家之间的交流合作，并尝试推动建立金砖国家海洋与极地领域的青年科学家论坛机制；积极推动针对北极海域、太平洋、大西洋等的联合航次和科考，分享提供航次的范围和可提供给金砖国家人员的床位等详细信息，致力于实现金砖各国能力互补；以共同深入参与"海洋十年"为切入点，推动在中国设立"联合国海洋十年规划"金砖国家协调中心，协调金砖五国共同参与"海洋十年"，并酝酿合作发起"金砖国家海洋与气候预测"旗舰项目。2021 年 12 月，在柬埔寨西哈努克市举办的东亚海大会[6]，以"描绘健康的海洋、人民与经济(H.O.P.E.)的新十年"为主题，旨在迎来更好、更强、更明智的区域行动(这些行动在战略上与全球海洋议程的关键原则和目标保持一致)，邀请了包括中国在内的 11 个东亚海环境管理伙伴关系组织(PEMSEA)伙伴国家代表参会，共同签署了第七届东亚海大会部长宣言，倡议将实现"有效的治理，健康的海洋、人民和经济"作为优先事项，实施"东亚海 2030 年发展路线图"和东亚海可持续发展战略实施计划(2023～2027)。

2. 海洋方面的政策法规

"海洋十年"期间，不会制定海洋政策，但会开展科学能力建设并生成知识，由此将直接推动实现《2030 年可持续发展议程》和其他相关全球法律和政策框架的目标。当前，海洋环境为重点关注议题，已有相关法规和政府报告发布。

2020年第75届联合国大会第75/39号决议《关于海洋和海洋法》，鼓励各国和主管国际组织就海洋酸化观测与研究开展合作，减轻海洋酸化现象及其对珊瑚礁等珍稀海洋生物的影响。《国际防止船舶造成污染公约》附件Ⅵ自2020年1月起生效，国际航运实施的燃油硫含量标准最高不超过0.5%，船舶的二氧化硫排放量预计减少77%[5]。

鉴于海洋的气候调节能力可能会有所下降，失去吸碳能力的海洋或将加剧全球变暖，UNESCO-IOC在2021年发布了《海洋碳综合研究：海洋碳知识摘要及未来十年海洋碳研究和观测协调展望》报告，提出要完成有关CO_2吸收演变的研究。报告概述了有关海洋在碳循环中的作用并指出未来发展方向，将帮助决策者制定未来十年减缓和适应气候变化的政策[7]。另外，美国国家海洋和大气管理局(NOAA)也于2022年发布了《2022年海平面上升技术报告》，显示未来30年美国海岸线沿线的海平面上升幅度将相当于以往100年的上升幅度。

1.1.3　海洋领域的重大项目

近年来国际海洋科技领域的研究热点主要集中于海洋物理环境变化研究、海洋酸化研究、海洋塑料污染研究、极地环境研究、印度洋研究以及海洋技术开发等六方面[2]。相应研究之间的内在关系如图1.1所示，具体为：全球变化的宏观背景促使海洋物理环境发生全方位的变化，而物理环境的变化与人类活动的影响又引发一系列全球性海洋问题，且以海洋酸化和海洋塑料污染最受关注；科学价值和地缘政治的影响促使学者对关键海域(如极地环境和印度洋)进行研究；作为技术支撑的海洋新技术的开发和应用成为科学前沿和技术热点[2]。

"海洋十年"计划为全球海洋领域的项目开展指明了方向。为了构建"我们想要的海洋"，围绕对海洋生态系统更深了解、高难度海洋学测量信息的精细化获取、海洋气候环境的动态监测和科学评估、海洋的可持续发展及人类与海洋的和谐共生等，一系列的国际项目陆续启动，从而不断地解锁"我们需要的科学"。

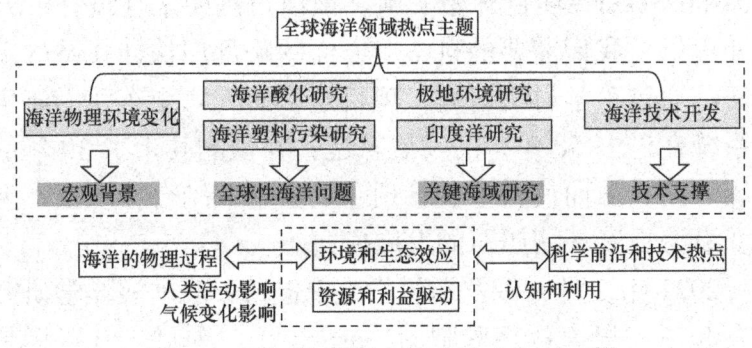

图 1.1 国际海洋研究热点及内在关系[2]

2021 年 1 月，"海洋十年"之"海洋观测共同设计：为未来可持续而不断演进的海洋观测(Ocean Observing Co-Design：evolving ocean observing for a sustainable future)"计划启动了"科学监测与可靠电信(SMART)海底电缆"项目。该项目旨在促进环境传感器与跨洋商业海底电信电缆的整合，以建立一个监测海洋气候和海平面上升的行星级阵列，从而彻底改变地震和海啸减灾的实时预警系统。另外，该计划还同时启动了动物携带的海洋传感器(AniBOS)项目；该项目是全球海洋观测系统(GOOS)的一个新兴网络,将通过生物记录(即在海洋动物身上部署传感器)来收集在世界难以触及的极地和热带海洋的海洋学测量数据。该数据采集方法是对传统方法的补充,直接以动物活动的尺度和分辨率提供海洋区域的物理和生态数据,以提高观察和预测全球气候过程和动物行为的能力。

2022年1月,由厦门大学近海海洋环境科学国家重点实验室牵头的"在人类活动加剧和气候变化下的沿海地区:整合科学、管理和社会以支持海洋可持续性的区域计划(Coastal-SOS)"项目开始实施。该项目阐明了在设计、开展和提供"我们需要的科学"方面的跨部门伙伴关系的新方法。通过跨学科的研究,项目建议研究六个东亚沿海生态系统在过去50年中的发展轨迹,并预测其未来30年的发展方向,从而使科学、管理和社会有效结合,从根本上改变沿海地区一切照旧的发展模式。

2021年2月,俄罗斯科学院P.P. Shirshov海洋学研究所发起了"里海数字双胞胎(CasSeaDi)"项目,其目标是建立"里海数据中心",其中包括卫星、海洋学、水文气象学、水动力模型、大气再分析数据的最新档案、区域气候变化预测结果、电子地图集、里海出版物的电子图书馆。该数据库可以评估里海环境的人为负荷、正在发生的气候变化、极端天气和气候事件、气候变化对自然和社会经济系统的影响、制定适应气候变化的战略和机制以及里海的状况。

2021年6月,为期8年的"蓝色共生体"(Blue Symbiosis)项目启动。该项目以"在人类和海洋之间建立一种共生的关系"为愿景,将重新利用石油和天然气基础设施，作为迅速扩大海藻生产的垫脚石，即如何将石油和天然气基础设施转化为多物种再生海藻养殖基地，以建立基础和生殖栖息地，封存碳，缓解富营养化，并提供海藻作为生物塑料、营养和可持续建筑材料。

2021年10月，联合国教科文组织启动了为期两年的全球eDNA项目。该项目将运用尖端的环境DNA技术(简称eDNA)来研究教科文组织海洋世界遗产地丰富的生物多样性，从而有助于衡量气候变化对海洋生物多样性的冲击，及其对海洋世界遗产地海洋生物分布和迁徙模式的影响，进而为保护海洋生态系统提供方向，确保人类可持续地受惠于海洋[8]。该项目有助于在2030年前为"我们想要的海洋"提前解锁"我们需要的科学"。综上可见，为了实现"海洋十年"的宏伟愿景，海洋信息数据的获取与整合、海洋的生态保护及海洋资源的可持续利用将成为海洋信息化建设的重点内容；而"海洋十年"将广泛集结各界利益攸关方，围绕一系列共同的优先事项，统一协调各方所开展的研究、投资和举措，使其共同努力所取得的成果造福于整个人类。

1.2 现　　状

经略海洋的前提是充分掌握海洋资源信息。海洋资源信息包括但不限于海洋地理信息、海洋水文气候、海洋生物资源、海底矿产资源、海洋生态环境。目前，海洋信息尚存在四个严峻的现实问题：与信息感知相关的海洋信息空白问题、与信息共享相关的海洋信息"孤岛"问题、与信息处理相关的海洋信息偏颇问题、与信息应用相关的海洋信息"过载"问题。这四个问题会随着海洋资源开发与利用的产业发展逐步显现并长期存在。

全球海洋信息化需要构建海洋网络信息体系。面对海洋这个"复杂巨系统"中信息领域的现实问题，需要对海洋能源网、信息网和物联网(简称"三网")统筹考虑，积极引入大数据、云计算、人工智能等新一代信息技术，建立海上绿色可持续能源重大基础保障设施，搭建天地一体、陆海兼顾、机固结合的海洋信息基础设施，构建全球海洋信息共享数据平台，最终形成以现代海洋网络信息体系支撑的智能海洋产业，实现海洋现代化。海洋能源网是海洋网络信息体系的动力来源，从产、储、输、用四方面系统化、模块化地为物联网和信息网提供能源供给；海洋信息网是海洋网络信息体系的信息通道，提供融接空天、海面和水下的网络信息服务；海洋物联网是海洋网络信息体系的物质基础，包括天、空、岸、海、潜各区域的基础物理设施。构建海洋能源网、信息网和物联网"三网"合一的海洋网络信息体系，可以全面满足海洋产业应用中的能量需求、信息需求和物质需求，有助于推进海洋产业现代化。

1.2.1　海洋能源网

海洋能源网是海洋事业发展的物质基础与能源动力来源。海洋的严苛环境对能源的高效、全天候、持续自主与静默电能供给等均提出了迫切需求。海洋能源网建设与发展需要结合海洋环境与使用需求，按照"原位发电、海能海用"的理念，以信息化、网络化手段，通过海上多类能源获取、转换与管理,实现对海洋广泛存在的风能、潮汐能、波浪能、温差能、盐差能等能源的高效收集和利用,打造出产能、储能、输能和用能全链条的海上能源网络。

本书中阐述的海洋能源通常是指海洋中所蕴藏的可再生的自然能源(以下等同"海洋能源"或"海洋能"),主要为波浪能、潮汐能(包括潮流能)、海流能、海水盐差能和温差能等;广义地讲,海洋能源还包括海洋上空的风能、海洋表面的太阳能以及海洋生物质能等[9-11]。究其产能原因,潮汐能和潮流能来源于太阳和月亮对地球的引力变化,其他则基本上源于太阳辐射[9,10,12]。按能源存储形式,海洋能源又可分为机械能、热能和化学能;其中,波浪能、海流能和潮汐能为机械能,海水盐差能为化学能,海水温差能为热能[9,13]。

20世纪中期,世界各国受到化石燃料能源危机和环境污染带来的"双驱动"压力,促使作为主要可再生能源之一的海洋能产业取得了长足的发展。欧盟、美国、日本等持续加大对海洋能技术研发的资金投入和政策支持力度,大型跨国能源和制造业巨头也开始进军海洋能源领域,海洋能源的获取发电、传输与管理技术已经成为海洋科学技术的主要研究方向和热点[14]。世界发达国家投入巨资,其中风能和潮汐能发电技术已逐渐进入成熟期并在海洋科学研究、海洋资源勘探、水下作业等领域获得了一定程度的产业化和应用;太阳能和海浪能发电技术进入了研发和试验阶段;而温差能和盐差能发电还处于机理研究和概念阶段[15]。进入21世纪,海洋能应用技术日趋成熟,人类充分利用海洋能将会展示更加美好的应用前景。

能源互联网是以电能为中心,以坚强智能电网为基础平台,将先进信息通信技术、控制技术与先进能源管理技术深度融合应用,支撑能源电力清洁低碳转型、能源综合利用效率优化和多元主体灵活便捷接入,具有清洁低碳、安全可靠、泛在互联、高效互动、智能开发等特征的智慧能源系统[16]。美国国家标准和技术研究院(National Institute of Standards and Technology, NIST)2020 年发布了《智能电网互操作性标准框架和技术路线图(4.0 版)》,旨在进一步推动电网的互操作性,实现更清洁、更安全的电网。整个电网规模不断扩大,分布式能源数量和类型大幅增加,该报告指出,清洁能源技术代表着未来能源的发展趋势,而清洁能源技术潜力的充分开发则依赖于电网的灵活管理。互操作性(以及时、可操作的方式交换信息的能力)是实现电网灵活性的关键[17]。欧洲参考 NIST 的概念模型,并结合本地区分布式能源发展状况和运行模式,在 NIST 提出的 7 个域基础上,增加了分布式能源域,形成了欧洲智能电网概念模型。德国电气电子和信息技术协会下属的德国电工电子与信息技术标准化委员会负责为电气工程、电子和信息技术领域制定行业规范和安全标准。日本成立了智能电网技术标准化战略工作组,协调日本国内各相关行业和组织开展标准研究和制定工作。加拿大智能电网标准路线图于 2012 年 10 月 16 日发布,该文件概述了智能电网技术发展前沿的建议,因为标准化对于确保高效的智能电网发展至关重要。美国电气与电子工程师协会 IEEE 在能源互联网领域积极推进标准化研究工作。2020 年 7 月 24 日,IEEE 电力与能源学会(PES)技术理事会批准成立 IEEE 能源互联网协调委员会(Energy Internet Coordinating Committee, EICC)[18]。

欧盟自身对能源互联网的概念主要有两种不同的基本认知(见表1.1),一种重视消费端,即能源互联网(Internet of Energy, IoE),另一种重视供给端,即多能源互联网(Multi-Energy Internet, MEI)。当前欧盟框架下构建能源互联网的实践主要依靠2008年以来欧盟先后发布的3个整体战略性规划:2007年发布的于2008年实施的"欧洲战略性能源技术规划"(SET-Plan),2011年启动的"未来智能能源互联网"项目(FINSENY),2013年发布的于2014年启动的"地平线2020"研究创新计划(Horizon 2020, H2020)中的能源规划。这3个项目分别重点关注能源互联网构建中的物理平台、信息平台和智能市场平台[19]。

表1.1 欧盟构建能源互联网的代表性主体及其主要项目设计[19]

基本认知	核心理念	国家/机构	项目名称及起始时间	项目核心目标	关键技术
能源互联网(Internet of Energy, IoE)	信息互联网在能源中的表现	德国	未来能源系统(E-Energy),2008年	以信息通信技术(ICT)为基础构建未来能源系统,实现在电网中覆盖信息网络,并使能源网络中所有元素都可通过信息通信技术进行协调工作	信息通信技术
		欧盟	未来智能能源互联网(Future Internet for Smart Energy, FINSENY),2011年	构建未来能源互联网的ICT平台,支撑配电系统智能化;通过分析智能能源场景识别ICT需求,开发参考架构并准备欧洲内部试验,形成欧洲智能能源基础设施的未来能源互联网ICT平台	

续表

基本认知	核心理念	国家/机构	项目名称及起始时间	项目核心目标	关键技术
多能源互联网(Multi-Energy Internet, MEI)	电、热、化学能源的联合输送与使用	瑞士	未来能源网络愿景(Vision of Future Energy Networks, VoFEN)，2003年	研究多能源传输系统利用、分布式能源转换和存储，开发相应的系统仿真分析模型和软件工具：①通过混合能源路由器集成能源转换和存储设备；②通过能源内部互联器实现不同能源的组合传输	①能源转换和存储；②能源内部互联器

为升级和改善电力网，美国能源部和相关企业推进了大量先进技术的研究与实践，制定了面向未来的GRID2030计划，提出了智能电网等先进理念，以"未来可再生电能传输与管理系统"(FREEDM)项目为其中的典型代表。2008年，该项目在美国北卡罗来纳州立大学正式启动，美国政府每年资助经费1800万美元，成立了FREEDM研究院，包括17个科研院所和30余个共同参与的工业伙伴。该项目针对的问题是分布式发电大量发展可能引起的电网不适应性，它的理念是在电力电子、高速数字通信和分布控制技术的支撑下，建立具有智慧功能的电网构架来吸纳大量分布式能源。项目提出了三个主要的技术特征：即插即用的接口、能量路由器和具有开放标准的操作运行系统[20]。

2011年，日本开始推广"数字电网"(digital grid)计划，为提升分布式能源效率提供技术支撑。该计划是以互联网为基础，把同步电网按照区域解构为异步电网，构建一种基于各种电力设备的 IP 地址分配系统，为每一个发电机、风电场、光伏系统、储能设备分配一个 IP 地址，来达到信息流和能量流交互的新型能源网。该计划的核心是配备电力路由器，通过该装置可以处理各种能量记录，包括位置、时间、发电类型和价格等。电力路由器使得现有电网与互联网实现了对接，将区域内的电力通过电力路由器进行统一调度[21]。

1. 海上风能成为全球能源开发重点

在可再生能源开发中，海上风能由于储量大、分布广，成为目前全球新能源开发的重点[22]。相对于陆上风力开发，海上风电技术具有以下优势[22]：一是海上风能资源更加丰富、风速可长时间保持在较高数值，风切边较小，故风能利用小时数高，对发电机组的技术要求相对较低；二是具有稳定的风向，湍流强度较小，单机的装机容量更大，保证了风机扇叶的使用寿命；三是土地成本较低，风电场多分布在沿海的潮汐带、沿岸滩涂及近海海域，且风电机组为非立体化设施，降低了海上风电机组的用地成本，还能缓解陆上建设的土地面积；四是减小了能源运输成本，海上风电场多靠近人口密集且能源需求巨大的发达城市，能源输送的距离相对较小。因此，海上风电场的建设成为近期全球各国能源开发的主要方向[23-27]。

海上风电场的电能变换和传输方式主要有"交流汇集-直流传输"和"交流汇集-交流传输"两种方式[14, 28]。交流电网在海上风电汇集和传输过程中，固有的缺陷以及海底电缆无功升压超限问题促进了柔性直流输电在海上风电中的应用。为进一步降低成本、减小损耗、解决海底电缆对地电容的问题，有学者提出"直流汇集-直流传输"的方式。该电能变换和传输方式为超大型海上风电场的发展起到了助推作用[29]。全直流型海上风电场采用高功率密度的电力电子变换器，在保证传输容量更大、损耗更低、材料更省的同时，还解决了风电场内部无功电压问题，是未来大型海上风电场汇流及远距离传输并网的发展趋势，更适用于深远海、大容量、高电压的海上风电场[29-32]。随着海上风电开发区域不断向深海拓展，有效降低开发成本至关重要。为克服现有技术缺陷并降低海上风电场开发成本，仍然需要对诸如大功率风力发电机组、机组水下基础结构、海底电缆技术，以及海上风电功率汇集及送出方法等海上风电关键技术开展持续的研究和创新[33]。2010年美国IBM公司首次发布了"智慧的电力"战略及系列解决方案，随后出现了"智能风电场""智慧风电场"概念。智慧风电是以数字化、信息化、标准化为基础，以管控一体化、大数据、云平台、物联网为平台，以数字技术为辅助，以管理智能化、生产智能化和设备智能化为模块，通过构建"人机网物"跨界融合的全层次开放架构，提升风电智能感知、智能运维、智能控制、智能决策能力，最终实现以风电场全生命周期综合效益最大化为目标的风电创新发展模式[34]。

2. 潮汐能将在绿色能源中举足轻重

潮汐能开发主要分为单库单向、双库单向、单库双向和双库双向等方式。在全球范围内，潮汐能是技术最成熟、利用规模最大的海洋能之一[35]。欧洲各国拥有广袤的海洋和较长的海岸线，潮汐资源丰富而廉价，在潮汐能的开发利用上保持领先优势。国际上拦坝式潮汐能发电技术主要采用单库双向式，即在涨潮和落潮时均可发电，平潮时不发电。表 1.2 给出了主要国家潮汐电站的参数情况，其中韩国于 2011 年建成始华湖潮汐电站，装机容量达 254MW，为世界上最大的潮汐能发电站[36]。

表 1.2 各国潮汐电站的参数对比[38]

电站	机组数/台	运行方式	平均潮差/m	装机容量/kW	地理位置
法国朗斯潮汐电站	24	双向发电	10.9	240000	法国圣马诺湾朗斯河口
加拿大安娜波利斯潮汐电站	1	单向发电	6.4	17800	加拿大东海岸芬迪湾
俄罗斯基斯洛潮汐电站	2	双向发电	2.3	800	俄罗斯白海沿岸
韩国始华湖潮汐电站	10	单向发电	5.6	254000	韩国京畿道安山市始华湖

潮汐能发电由于自身特性受潮差变化影响较大，发电出力通常有间歇性，装机的年利用小时数不高[37]；并且一般的潮汐电站呈现出水深坝长，施工、地基处理及防淤等问题，进出水的电站建筑物结构复杂，电动机与水道均需进行特殊防腐和防海生物黏附处理，机电和土建投资大、造价高，同时建造拦坝对当地海域的生态也有影响，以至于在世界上最主要的潮汐能资源富集地区(如英国威尔士赛汶河口和加拿大芬迪湾)，有关大规模开发潮汐能的环境

影响仍有争论,地方政府对建设大型潮汐电站继续持观望态度[38]。但是,尽管潮汐能发电存在一些不足之处,随着技术水平的不断完善和提高,这些问题正逐渐得以解决,如环境友好型潮汐能发电技术已然成为新的研究方向,包括英国潮汐湖电力公司(Tidal Lagoon Power,TLP)设计的潮汐舄湖(Lagoon)电站、荷兰工程师 Kees Hulsbergen 提出的动态潮汐能,以及澳大利亚 Woodshed 公司提出的海湾内外相位差发电等技术。总之,潮汐能作为清洁可持续的新能源,对维护人类赖以生存的环境起着很大作用,在今后的能源发展历程中也将占有举足轻重的地位[37]。

3. 海上光伏能源开发利用方兴未艾

光伏发电在陆地上已经相当成熟,海上光伏发电技术可有效降低光伏组件的温度,减少组件的灰尘附着,提高能量转换效率,从而比陆地光伏输出更多的电量。目前,全球漂浮式光伏电站建设方兴未艾,新加坡、韩国、印度、日本、荷兰和希腊等国是近年来非常活跃的浮动光伏市场[39]。中东地区也出现多个利用漂浮太阳能进行海水淡化和制氢的项目。据 IHS Markit(数据信息及解决方案提供商)预测,2021 年全球漂浮电站新增装机近 1.5GW,亚洲占据其中的 59%。目前,全球在建漂浮电站中的前 20 个总容量达到了 1.2GW,其中亚洲有 16 个,容量和为 1.1GW,其他的 4 个全部在欧洲,共计 0.106GW。在建项目中最大的漂浮电站来自印度,单体容量高达 300MW。欧洲市场中,荷兰的表现较出色,法国和希腊正迎头赶上。新加坡公用事业单位及海事集团胜科工业(Sembcorp Industries)的子公司胜科漂浮式光伏(Sembcorp Floating Solar Singapore)已开始在新加坡 Tengeh 水库建设一座 60MW 的漂浮式太阳能电站。

漂浮太阳能系统的各种测试和高效经济的光伏电池研发正处于积极发展阶段。荷兰 SolarDuck 公司创新研发的近海漂浮系统(图 1.2)，是一种类似于海洋石油平台的三角形漂浮电站结构。这种结构可以将太阳能板保持在水面以上 3m 的高度，并且可以承受较高等级的波浪和动态载荷；除了近海地区，也可以用于河口、港口等近岸低点。挪威独立研究机构 Sintef 最新测试的漂浮结构是由一个锚定系统打造而成，主要是可以适应各种等级的海浪，除了漂浮电站自身的结构设计，该公司联合研究所合作开发出一种控制算法，利用卫星导出的风数据和湖泊的形状来计算多个方向和位置的风浪，从而确定漂浮电站的最佳位置，如图 1.3 所示。为了更加深入了解漂浮太阳能对水质的影响，一个由德国联邦经济事务和能源部资助的联合研究项目——PV2Float 已经开始启动。这个合作项目主要由德国弗劳恩霍夫实验室、德国莱茵集团和勃兰登堡大学一起实施，为期三年，主要测试多个不同设计结构的漂浮太阳能系统。美国研发的宽带隙太阳电池在水下 50m 水深，水下光谱的发电效率达到 63%，发电比功率 32.5W/m^2，为水下设备的长期自主运行提供了高效、稳定、可靠且经济的电源保障。日本研发的海水电池供电，用于海底观测网，贮存寿命长，5 年服役输出能量 203kWh。2021 年，Enaganti 等人研发的水下染料敏化太阳能电池，随着水深增加，其输出功率的降低幅度比传统的晶硅电池少了

20~25%。

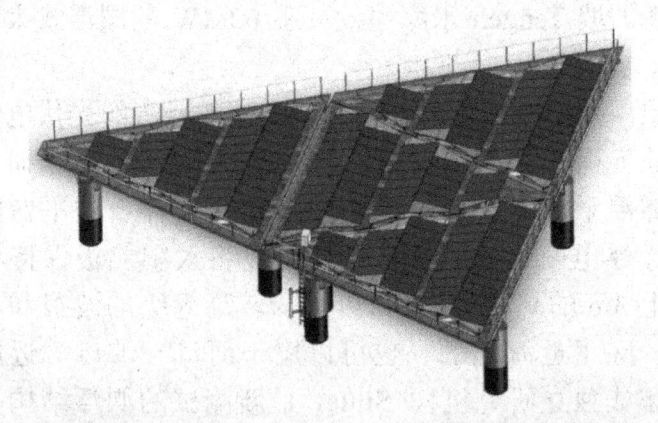

图 1.2 荷兰 SolarDuck 公司创新研发的近海漂浮系统[40]

图 1.3 挪威独立研究机构 Sintef 最新测试的漂浮结构[40]

  海上光伏发电项目利用近海水域资源实现发电功能，避免占用宝贵的土地资源，同时可建设在用电负荷中心以利于就近消纳，是前景十分广阔的光伏发展新模式，未来发展潜力巨大[41]。结合海上光伏发电的特点，未来海上光伏发电的关键在于解决漂浮光伏发电项目的建设问题和相关技术难点。

4. 波浪能发电迅速发展至实用水平

波浪能是海洋能中最主要的能源之一，其本质上是海洋表面所具有的动能和势能的总和，波浪的能量与波高的平方、波浪的运动周期以及迎波面的宽度成正比；另外，波浪能的大小还与风速、风向、连续吹风的时间、流速等诸多因素有关[9,10]。随着各国投入大量资金进行波浪能发电装置的研究，波浪能技术得到了迅速发展，已逐步接近实用化水平。目前，波浪能的研究重点集中在5种有商品化价值的发电装置：振荡水柱式、越浪式、点吸收式、摆式和筏式。固定式振荡水柱装置与岸式防波堤相结合具有明显开发优势，典型工程为2011年投入使用的西班牙穆特里库(Mutriku)港口的300kW波浪能电站(图1.4)。该电站包含16个独立气室，每个气室均配备0.75m直径的威尔斯式透平和额定功率18.5kW的发电机组，截至2018年6月电站总发电量为1.6GWh[42,43]。振荡体式设计的发电装置有较多应用实例，其中以美国Ocean Power Technologies公司研发的OPT PowerBuoy装置为典型代表。该装置基于点吸收原理，利用浮标内外两部分的相对运动来工作，已完成了装机容量40kW(PB40)与150kW(PB150)原型样机的海上实测[43]。类似技术的装置还包括Wavebob、Seabased等。丹麦浪龙(Wave Dragon)(图1.5)采用越浪式波浪能技术，计划在威尔士开展7MW示范项目，在葡萄牙建设50MW发电场等[44]。英国绿色能源公司的Oyster采用摆式波浪能技术，其800kW型装置于2012年在英国实现并网发电[45]。

丹麦 LeanCon 为采用振荡水柱原理的漂浮式装置，全尺度设计宽 240m，结构为多气室相通的 V 形布置，装机容量 4.6MW，包含 8 个透平发电机组，预计在北海海域年发电量可达 8.8MWh[43]。英国 Aquamarine Power 公司开发的 Oyster 装置是典型的以铰链与海底连接的淹没摆式结构，该装置由液压缸和固定在近岸海底的浮力摆板组成，浮力摆板受波浪作用而驱动液压缸，并通过海底管道将高压水输送上岸，进而驱动岸上的水轮机带动发电机发电，直接供用户使用或连接到海水淡化装置进行脱盐淡化作业[43]。以多点吸收式设计为代表的有丹麦 Wave Star Energy 公司研制的 Wavestar 装置，该装置借助阵列浮子在海上的振荡运动驱动液压型 PTO 发电，特别适合离岸 10~20km 近海区域，且具有风暴保护模式，浮体在风暴期间能够自行抬升而远离海面，从而避免风暴对安装在水面以上的所有液压和发电设备造成破坏。目前该公司正在开展其试商用机 WAVESTAR C6-1000 的融资，输出功率可达 1MW，可在

图 1.4　穆特里库波浪能电站

图 1.5 Wave Dragon 装置 1∶4.5 比例样机海试

未来建成利用波浪能和风能互补发电的海上综合电站[43]。

与潮汐能、海流能、盐差能和温差能等其他海洋可再生能源相比，波浪能具有分布广泛、能量密度大的特点；虽然利用技术上不如风能和太阳能成熟，但波浪能环境污染小、可开发利用时间长，开发潜力远远大于风能和太阳能。此外，通过海上风能和波浪能形成多能互补发电，联合发电的经济性和可靠性将大幅提高[46,47]。波浪能技术正朝着高效率、高可靠性、易维护的方向发展。波浪能利用中的关键技术主要包括：波浪的聚集与相位控制技术、波浪能装置的波浪载荷及在海洋环境中的生存技术、波浪能装置建造于施工中的海洋工程技术、不规则波浪中的波浪能装置的设计与运行优化、往复流动中的透平研究等[10,48]。由于波浪能装置的原理和利用形式各异，国际上对波浪能装置大规模、阵列化布置的研究目前相对较少。欧洲国家在波浪能规模化利用的方向上主要有两个趋势：一是研究柔性材料或柔性结构形式的波浪能转换装置，以克服海洋环境作用对发电系统的破坏;二是通过共用海上安装基础和输配电系统等方式实现波浪能与海上风电及海上漂浮光伏等其他形式可再生能源系统的融合建设[38]。在欧洲地平线2020研究计划和苏格兰波浪能协会的支持下,欧洲的波浪能企业启动了新一轮波浪能技术研发及海试,并在技术上普遍具有漂浮式结构、与浮体结构相匹配的动力输出系统及较强的海况适应性等特点。

5. 温差能利用和工程建设正在起步

海洋温差能是指以表层和深层海水之间温度差的形式所储存的海洋热能,其能量的主要来源是蕴藏在海洋中的太阳辐射能[49]。海洋温差能储量巨大,占地球表面积71%的海洋是地球上最大的太阳能存储装置,体积为$6.0\times10^7 km^3$的热带海洋每天吸收的能量相当于2.45×10^{11}桶原油的热量[49]。在多种海洋能源资源中,温差能资源储量仅次于波浪能;此外,海洋温差能具有随时间变化相对稳定的特性,利用海洋温差能发电有望为一些地区提供大规模、稳定的电力[50]。

国际上最早开展温差能利用技术研究的国家是美国和日本。最初的温差能装置采用开式循环原理,通过加压蒸发表面热海水(25℃)推动汽轮机做功,再用深层冷海水(4℃)冷却经过透平的水蒸气[38,51,52]。在开式循环的基础上,国际工业界又先后提出闭式循环和混合式循环的温差能利用原理;后者的主要特点是在拥有较高热交换效率的同时还能对外产出淡水,从而实现海洋温差能发电、海水淡化和供暖等综合利用[38]。

从目前的工程示范效果来看，温差能利用的循环原理和热交换技术进展明显；其循环效率已可支撑建设 10MW 以上级别的大型海洋温差能利用系统，但相关的海上平台建造与海洋工程技术还有待突破；此外，温差能利用系统在海上长期运行的稳定性与可靠性尚需进一步示范验证[38]。

6. 盐差能开发处于试验和研究阶段

盐差能是两种含盐浓度不同的卤水之间的化学电位差能，在自然界中主要存在于河海交接处(入海口)，在淡水储量丰富地区的盐湖和地下盐矿也可以利用盐差能[9]。盐差能发电的基本方式是将不同盐浓度海水之间的化学电位差能转换成水的势能，再利用水轮机发电。与其他海洋能源相比，盐差能较少受气候条件限制，但也是众多海洋能源中最少被开发利用的一种可再生能源[53]；全球范围内盐差能的示范装置还不够成熟，只有荷兰、挪威等一些国家开展过相关的技术研究与试验[38,54]。

盐差能发电技术主要包括缓压渗透法、反向电渗析法以及蒸汽压法，其中缓压渗透法和反向电渗析法的研究比较多，其核心技术主要在渗透膜的研究上[35,44]。2009 年挪威 Statkraft 公司建成了 10kW 盐差能示范装置[44]，是全球首个盐差能发电系统，该装置采用缓压渗透式发电技术，即淡水和海水经过预处理之后在装置膜组件半透膜两侧形成渗透压差，再转换为压力势能推动涡轮发电，但该厂试运行几年后，于 2014 年宣布搁置。2014 年 11 月，荷兰 Redstack 公司在荷兰阿夫鲁戴克(Afsluitdijk)拦海大坝建设 50kW 基于反向电渗析原理的盐差能示范电站投入使用[55]。

该电厂配备 400m² 半渗透膜，其发电功率为 1.3W/m²，可同时处理 2.2×10⁵L/h 海水和淡水，但所产生的电能尚无法满足电厂自身需求。该电厂通过运行发现，盐差能发电要实现经济盈利，半渗透膜的发电功率至少应达到 2～3W/m²，半渗透膜安装总面积应达到数百万平方米[53,56]。

近年来，随着"海能海用"理念的逐步深入，国内外学者开始关注盐差能的一些新技术研究，如纳米流体扩散技术、法拉第电容器、电解质电容器、双电层电容器等，但这些技术都处于初步探索研究阶段[54]。总体而言，盐差能利用技术还处于实验室和初试规模研究阶段[44]。

1.2.2 海洋信息网

海洋信息技术涉及内涵丰富，包括对各类涉海感知资源、信息传输、信息网络、数据融合与计算处理、信息产品挖掘、信息资源共享、应用服务等。主要包括海洋信息感知、海洋信息传输网络和海洋信息应用服务三个方面。其中，海洋信息感知包括前端传感器(如海洋物理、化学、生物传感器等)、海洋仪器设备、海洋观测平台系统、海洋信息系统等；海洋信息传输网络包括卫星通信网络、海上无线短波通信网络、岸海宽带通信网络(海底观测网)、水声通信网络、空中与水下跨域通信等，涵盖了海洋声、光、电、磁等通信传输手段；海洋信息应用服务包括了以超算、云计算、边缘计算、大数据、人工智能、区块链等为代表的信息新技术在海洋数值模拟、预测预报、防灾减灾及突发应急、海洋交通气象、海洋测绘、海洋资源探查、目标监测预警等业务中的应用以及海洋信息质量认证、检验测试、标准规范、信息安全、运营等。

1. 海洋信息智能感知多样化、自主化、精细化

在信息科技不断深入发展的背景下，各国一直积极寻求多样化的海洋观测平台与设备，融合新一代信息技术，综合利用卫星、无人机、岸基雷达、浮标、潜标、海床基、UUV等各类观测平台，提高海洋信息获取能力[57]。

海洋环境现场观测方面，瑞典的"Svea"号科考调查船，搭载了多波束/单波束回声探测仪和声呐，用于鱼群调查及海洋环境监测研究[58]。德国"Atair II"号主要用于水文研究及测绘和沉船搜索，承担北海和波罗的海的海洋环境观察任务，同时也是导航和雷达系统的技术测试平台。美国通过实施全球Argo(Array for Real-time Geostrophic Oceanography)计划，为其积累了丰富的海洋气象与水文历史数据，为全球海洋演变模式的研究奠定了扎实的基础；通过研制低成本水下滑翔机、波浪滑翔器,并投入到NOAA和美国海军进行使用，为其提供了新的海洋数据采集渠道，实现了高自持、高自主、长续航、多功能等一系列远海观测的优势能力[59]。

海洋环境遥感遥测方面，新型遥感技术不断涌现，遥感器的工作方式逐渐多样化，提高时空分辨率与观测精度将是海洋卫星的重点发展方向，定量遥感也将成为海洋卫星的主要发展趋势之一。国外主流遥感卫星的在轨寿命大部分在10年左右，重访周期取决于卫星的轨道高度，卫星组成星座后的重访周期要远小于单个卫星的重访周期；目前全球主要遥感卫星包括美国的GeoEye-1、WorldView卫

星；德国的 RapidEye、TerraSAR-X 卫星；法国的 SPOT、Pléiades 卫星；加拿大的 RADARSAT-2 卫星；意大利的 COSMO-SkyMed 卫星等。美国的 Wroldview-Ⅲ 卫星分辨率可达到 0.31m(全色)。

海面目标探测方面，SAR 技术以及高分辨率 SAR 传感器的进展突破，促进了海面目标参数提取与分类技术的发展，基于高分辨率 SAR 图像的海面目标识别与分类技术逐渐成为研究热点，美国、欧盟、日本、加拿大等国家和地区都将海上目标识别作为重点发展内容，同时基于光学遥感图像、海洋超视距雷达的海面目标信息融合检测与识别技术也得到了快速发展。

水下目标探测方面，主动声呐仍是未来一段时间内水下目标检测技术的一个主要发展方向，对于水中目标识别技术，部分现役声呐的目标特征库甚至可以实现对具体型号的识别，如美国的各类型核潜艇装备的综合声呐系统、目标特性识别声呐等。

2. 海洋信息传输组网无线化、网络化、立体化

海洋通信向着无线宽带化、网络化、多手段、大覆盖、立体化的方向发展。许多演进的海上无线通信系统相继推出，新的卫星通信系统不断投入运行；各国研究人员将陆地通信的各种最新技术应用到海洋环境，并提出了集成海洋通信网络的概念[60]。目前，宽带卫星技术的发展和成本的降低，使得大型低轨宽带星座系统建设的可行性提升，将逐步构成海上通信的基础骨干能力；同时，随着无线宽带通信技术、海上平台技术的发展，一些原本在陆地上广泛应用的通信手段正逐步拓展至海洋，实现重点海域宽带

覆盖。此外新型通信技术如 5G 通信、量子通信、中微子通信、太赫兹技术等也得到较快发展[61]。随着海洋科学的发展，为深度探索和全面掌握全球海洋信息，由各类浮潜标、UUV、无人机、水面平台、卫星等构成的空、天、地、海自动观测网络系统不断建立和完善。

天基通信组网方面，传统的铱星、Argos 系统(法国国家空间研究中心与美国航宇局和海洋大气局合作的第一个全球定位和数据采集系统)、国际海事卫星(Inmarsat)的卫星组网较早投入应用，其中 Inmarsat 于 1982 年开始提供全球通信服务。海事卫星(英国)网络覆盖全球(除南北两极)，产品用于海洋和陆地；铱星卫星(美国)网络覆盖全球(包括南北两极)；欧星卫星(迪拜)网络覆盖亚洲和欧洲等等。随着星间路由等信息技术的快速发展，新兴商业小卫星组网建设正在广泛开展。宽带通信卫星系统发展大致可分为三代。目前国外最主流的宽带通信卫星正处于第二代，主要建设于 2005~2007 年间，可为用户提供 256kbit/s~5Mbit/s 的信息速率，支持互联网接入服务。第三代卫星宽带通信系统的特点包括：用户的可用速率最高可达 20Mbit/s、能够提供真正的视频多媒体互联网服务、单颗卫星容量高到 100Gbit/s(可满足 200~500 万用户的需求)[61]、使用高功率的 Ka 频段点波束和频率复用技术、利用下一代终端调制技术增加终端物理层的容量。

空基通信组网方面，被国际电信联盟定义为"弥补信息覆盖缝隙"的新技术——临近空间[61](距地面20~100km)飞行器的互联网已开展研究。目前各国在研的临近空间飞行器，按照飞行速度可分为低动态飞行器(马赫数小于 1.0)

和高动态飞行器(马赫数大于 1.0)两大类型[62]。当前各国提出了多种临近空间飞行器发展方案，但研究的热点集中在平流层飞艇、浮空气球和高空长航时无人机上；其中，平流层飞艇是除了地球同步卫星的另一种重要的定点平台。相比于卫星，临近空间飞行器具有机动性好、有效载荷技术难度小、易于更新和维护、费效比低等优点；此种飞行器距目标的距离一般只是低轨卫星的 1/10～1/20，可收到卫星不能监听到的低功率传输信号，容易实现高分辨率对地观测[62]。Google 公司、Facebook 公司也分别提出了利用高空气球实现互联网信号接入的"潜鸟计划"以及基于太阳能无人机的激光无线通信网络。

海面无线通信组网方面，在微波、4G、5G 等视距组网的基础上不断加强，基于超视距雷达中继和大气波导的超视距通信初现端倪，海上无线通信系统因能提供中远距离通信覆盖，被广泛应用于海上无线通信。世界上典型的海上无线通信有中频奈伏泰斯(NAVTEX；Navigation Telex)系统、高频 PACTOR 系统、甚高频 Telenor 系统和船舶自动识别系统(Automatic Identification System，AIS)等[60]。

水下通信组网方面，美国海网计划中的水声通信网络能提供声学通信、探测、定位与导航功能；欧盟也发展了系列化的水声通信网络研究计划；韩国水下声通信技术实现传输距离突破，水深 100m 通信距离达 30km。美国伯克利实验室研发轨道角动量复用技术，实现深海水声通信速率 8 倍提升[61]。2016 年俄罗斯专家最新研制出一种能将通信信息与声波相互转换的新系统，旨在把海面下活动的潜艇、深海载人潜水器、无人潜航器和潜水员用一个通信系统联系起来，以此构筑水下"互联网"。海中测试显示，"对话"系统通信的水平距离可达 35km，最大通信深度为海面下 6km。即使在天气和水文地理条件不佳的情况下，系统的信息传输码率也不会低于 68kbps，而该音频质量已高于部分地面广播。此外，该系统的 10 个通信频道还可供多个水下战斗单位进行"会议连线"[63]。2016 年美国 DARPA 启动"深海导航定位系统"项目，力争使水下航行器一直潜在水下且保证精确导航；此外美国雷音公司构建了一套 Deep Siren 通信系统(美国海军"通信速度与深度计划"一部分)，通过发射一次性中继通信浮标，使潜艇可以利用水声通信链路接收来自舰艇、飞机和岸基指控中心的信息。美国能源部下属的国家加速实验室联合斯坦福国际咨询公司和古奇·休斯古公司研制出的具有超低损耗的铌酸锂压电电偶极子小型发射器(约 10cm 尺寸)，与传统的技术相比，在相当电气的尺寸下，辐射效率能够提高 300 倍以上[64]。该团队提出的机械天线方案是基于棒状晶体铌酸锂(LiNbO$_3$)天线的 VLF 发射机[65]，在压电晶体周围产生时变电磁场，通过直接天线调制(Direct Antenna Modulation, DAM)技术来调整辐射波长，从而使得数据传输速率超过 100bps，足可发送一条简单的文本消息[65]。美国海军空间与海战系统司令部于 2017 年 3 月发布"模块化光学通信"(OCOMMS)载荷项目公告，旨在设计可用于有人潜艇/UUV 与飞机、水下平台间的全双工通信系统；在无需水面通信转换节点情况下，使得水下平台间通信速率不低于 1kbps[66](未来有望实现更高速率)，空中通信距离超过 27km，水中深度超过 30m，并且具有低截获概率和低探测概率(LPI/LPD)特性。日本在日本岛以东水深4000～5000m海域,实现了1000km的远程通信实验,信号频带范围450～550Hz,通信速率100bps;北约推出首个国际层面认可的水下通信协议——JANUS协议。总的来看,由静态组网转向动态组网、提高网络环境适应性、增强自组织功能已成为水声通信网络技术领域主要发展趋势[61]。

3. 海洋信息处理应用智能化、共享化、集成化

不断丰富的海洋信息感知手段汇聚了海量的海洋信息数据,数据存量由现在的PB级别逐渐发展为EB、ZB级别,各国对于海洋信息资源集中共享、新一代信息技术(如大数据、云计算等)在海洋领域中的应用等海洋信息关键技术展开了研究,有力提升了"触摸海洋脉搏"的能力;特别是新一代信息技术与海洋科学的交叉融合作为海洋科学与技术的前沿热点,近年来逐渐被各海洋大国高度重视并付诸实践。

在海洋信息网络系统基础上,各国积极推进信息资源共享。例如,美国国家海洋和大气管理局(NOAA)所建立的国家海洋数据中心(NODC),通过云计算技术加强其环境数据产品的服务,向公众共享发布来自各个国家、科研机构、行业部门等各渠道获取的海洋信息;加拿大的海洋观测网络(ONC)向全世界的科研人员提供观测数据的实时查询和下载服务。以NODC浮标数据为例,共发布了来自国际合作伙伴、IOOS(已集成了12家共建单位的数据)、气象部门、河口研究系统、石油产业、海啸预警系统等9个不同数据源,128个数据所有者,共计1351个覆盖全球的海洋浮标

数据[57,59]。所共享的数据以国际通行格式为标准，将未经处理的原始数据按小时级延迟向所有互联网用户发布。数据内容以气象和水文为主，其中不乏来自欧盟、韩国、印度的各类科研机构的数据。欧洲海洋观测和数据网络(EMODNET)通过制定通用的数据标准及免费开放的数据共享政策，基于欧洲海洋数据网络(Sea Data Net)、欧洲海底观测网(ESONET)、欧洲全球海洋观测系统(Euro GOOS)等相关数据和观测体系，实现了不同国家、地区系统间的整合[61]。

随着信息技术的快速发展，世界各国纷纷围绕大数据、人工智能、超级计算、区块链与信息安全等新一代信息技术与海洋科学的交叉融合展开研究，相关应用已经较为广泛[61]。美国自 2006 年启动综合海洋观测系统计划以来，实施了一系列海洋数据获取与信息提供能力增强的举措，旨在形成一套覆盖全球的海洋观测、数据采集、数据处理与信息管理集成的体系，提升海洋数据与信息产品质量。全球其他的海洋大数据计划还有美国和加拿大制定的"海王星"计划(3.2 亿加元)、日本的 ARANA 计划、非洲沿海25 国的"非洲近海资源数据和网络信息平台"等。美国国家海洋和大气管理局(NOAA)于 2015 年联合亚马逊网络服务、谷歌云平台、IBM 公司、微软和开放云联盟组织实施了"大数据计划"，旨在基于其已有的海洋观测数据，利用各方技术优势，一同建设海洋大数据服务平台[61]。美国加州大学伯克利分校开发的 Spark 系统，集分布式存储和流处理、批处理、机器学习等功能于一体，建立了完善的大数据管理生态体系，已经成为业界公认的大数据处理系统。

美国 IBM 沃森中心基于海洋大数据研发的全球高分辨率天气预报系统，实现了关注海域水平 3km 的空间分辨率，以每小时一次的频率进行快速更新。Global Fishing Watch 平台在利用大数据和区块链来打击每年让全球经济损失 230 亿美元的非法捕鱼。

1.2.3 海洋物联网

海洋物联网是利用互联网技术将多种传感设备相互联通，构造出一个立体覆盖海洋环境、目标和装备三大板块信息的物物互联的感知网络，从而对获取到的多源海洋信息进行汇集整合和实时分析处理，实现对海洋环境及承载的各种目标和装备的系统化管理[67]。作为数字海洋的技术支持体系和军事战略的重要支撑，海洋物联网被世界各国尤其是发达国家所重视。海洋观测网由于能够在恶劣条件下长期观测并提供可靠的电源供给和数据传输、支持多种传感器接入及具备进一步扩展能力，成为海洋观测领域的主流手段[68]。目前，结合有缆、无缆优势，海洋物联网正朝着低成本投入、多仪器接入、低功耗运作、大数据挖掘的方向发展[69]，尤其是无人平台趋向于轻量级、小型化、低功耗、集群化和智能化方向发展[70]。数字能源是物联网技术与能源产业的深度融合，通过能源设施的物联接入，并依托大数据及人工智能，打通物理世界与数字世界，信息流与能量流互动，实现能源品类的跨越和边界的突破，放大设施效用，品类协同优化，是支撑现代能源体系建设的有效方式[71]。

1. 世界各国争相建设海洋信息系统

20世纪90年代问世的作为水下监测平台的自动剖面浮标以及在2000年启动的国际Argo计划,使人类能够深入了解和掌握大尺度实时海洋变化、提高海洋和天气预报精度、有效应对全球日益加剧的海洋和天气灾害逐步成为现实。国际组织及欧美日等纷纷投入巨资,相继推出了一系列大型海洋信息系统建设项目,如表1.3所示。

表1.3 全球大型海洋信息系统[72-75]

位置	名称	实施时间
国际	全球海洋实时观测网(Argo)	1998~至今
	海岸带陆海相互作用-II(LOICZ-II)	2002~至今
	国际综合大洋钻探计划(IODP)	2003~2013
	地球系统的协同观测及预报体系(COPES)	2005~2015
美洲	海王星海底观测网络(NEPTUNE)	1998~至今
	综合海洋观测系统(IOOS)	2007~至今
	全球大洋观测计划(OOI)	2009~至今
	加拿大海洋感知与决策系统研发项目	2014~至今
	美国"数字海洋"物联网(OoT)	2017~2027
欧洲	大西洋观测网(ANIMATE)	2002~2005
	地中海业务化海洋网(MOON)	2002~2005
	爱尔兰海洋监测系统	2002~至今
	欧洲海底观测网(ESONET)	2004~至今
	欧洲海洋观测数据网络(EMODNET)	2007~至今
亚洲	日本深海地震观测网(ARENA)	2003~至今
	日本地震—海啸实时观测网(DONET)	2006~2015

国际 Argo 计划的目标是建立一个由 3000 个剖面漂流浮标组成的大洋观测网，在对 2000m 深度内的温度和盐度观测的同时，由"核心 Argo"向"全球 Argo"(即向边缘海、高纬度海域、深海、生物地球化学领域及赤道强化观测等)扩展[76]，Argo 浮标分布示意图如图 1.6 所示。Argo 计划规定所有数据准实时地发送给各国天气预报中心及全球 Argo 资料中心(GDAC,位于美国和法国)，目前参与 Argo 的国家和团体已有 34 个，另外还有 18 个国家对 Argo 提供后勤支持[77]，如今已有越来越多沿海国家的海洋与大气研究机构，如美国国家环境预报中心(NCEP)、英国 Hadley 气候中心、澳大利亚气象局(BMRC)、日本气象厅和中国国家海洋环境预报中心等，将 Argo 资料同化进入海洋与气候耦合模型中并投入业务预报运行，显著提升对短期天气和长期气候的预测预报水平[78]。目前各成员国累计已布放了约 1.7 万个浮标，仍有约 3800 个浮标在海上正常工作。2000 米级 Argo 浮标是目前应用最为广泛的浮标类型，以美国 APEX 型浮标占比最大。在深海 Argo 浮标方面，代表性产品主要有美国 Deep SOLO 和 Deep APEX 型浮标，最大下潜深度均为 6000m。随着观测区域扩大至高纬度海区，冰区 Argo 浮标通过装备探冰传感器及避冰算法，可以等漂流到无冰海区再浮出水面，或将数据储存起来等夏季覆冰融化后再传回岸站。Argo 浮标的观测要素也逐步拓展，目前可同步观测物理和生物地球化学参数的生物地球化学 Argo 浮标(BGC-Argo 浮标)也已经投入应用。

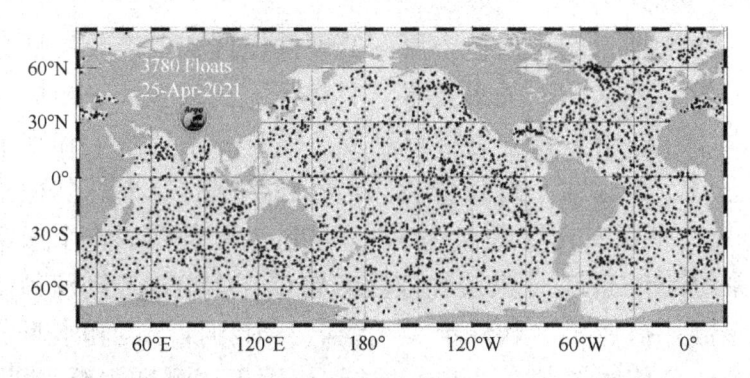

图 1.6 Argo 浮标分布示意图(截至 2021 年 4 月 25 日)

美国是世界上发展海洋长期观测最早的国家之一,先后部署了以海洋科学前沿研究为目标的大洋观测计划(Ocean Observing Initiative,OOI)和以近海环境资源管理保护应用为目标的"综合海洋观测系统"(Integrated Ocean Observing System,IOOS)这两大计划[79]。同时,美国国防部高级研究计划局(DARPA)于 2017 年 12 月启动"海洋物联网"(OoT)项目,计划通过部署大量低成本、智能化海上浮标以组成分布式传感器网络,实现对大范围海洋区域态势的持续感知,克服世界海洋中现有数据收集技术的局限性,创建一个单一、统一的传感器网络,利用最新的物联网技术进行数据收集和分析[80, 81]。整个系统由海上浮标、卫星通信系统和位于云端的数据分析系统组成,其提供的高分辨率海洋观测信息可以提高对海洋生态的认知。OoT不仅可提供重要的海上信息,如识别过往船只和追踪航迹等,还可为海洋学家、气象学家和生物学家提供很多感兴趣的数据,如监视鲸鱼等海洋哺乳动物、从内部观察飓风的形成并跟踪海洋温度的变化等。

OoT 项目的重点包含浮标的硬件设计和生产及浮标数据分析处理这两项关键技术。具体研究内容为：a)浮标开发。①浮标由生物安全材料制成，配备一系列水上和水下传感器。浮标大小设计为 A 级声呐浮标的一半，体积是 0.0014~0.0032m³，重量为 3.2~8.2kg，配备低成本全球定位系统(GPS)芯块、天线和惯性测量单元(IMUs)，以及各类传感器。摄像机、软件定义无线电、射频探测器和水听器作为任务传感器装在特定的浮标上，用于探测和跟踪飞机、船只等的航迹。②浮标通过太阳能电池板和/或碱性电池为传感器和搭载的电子设备提供电力。浮标的间歇、被动采样亦可节约电力消耗。③OoT 系统采用鲁棒、相对低带宽的卫星通信系统传输信息。由于一个集中区域有大量浮标，而各个浮标在消息长度和消息传递频率上都受到限制，因此整个系统需要根据优先级对传感器数据进行选择性传输，保证后续的数据分析工作。④浮标配有高度可靠的沉没机制，既可由内部逻辑触发，也可由操作员下达的沉没指令来触发。每个浮标需要对周围环境进行至少一年的监测直至寿命耗尽，最后安全地沉入海底。b)数据分析。浮标上的机载计算机将原始数据简化为小的信息包并借由卫星发送到岸上云系统中，在云端将数据拆解、汇集后，通过机器学习等数据分析算法对采集到的海洋物理特性和活动情况进行可视化[80]，如图 1.7 所示。OoT 项目有三个不同的重点领域需要进行数据分析：①直接应用传感器记录数据(如浮标位置和环境/气象测量数据)，以指挥和控制浮标本身，可视化浮标当前位置，并预测浮标的未来位置；②传感器数据的推断，如测量和跟踪海洋环境中的物体(船只、飞机和海洋哺乳动物等);③数据挖掘、异常检测或识别。

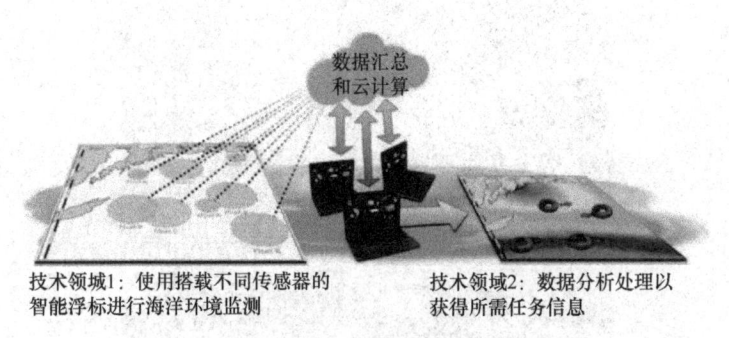

技术领域1: 使用搭载不同传感器的智能浮标进行海洋环境监测

技术领域2: 数据分析处理以获得所需任务信息

图1.7 海洋物联网项目概念图[80]

OoT项目的第一阶段(2017～2019年)计划在海上部署多达4500个浮标(浮标部署示意图见图1.8),包括最初的浮标设计和数据的采集分析及算法优化等工作;第二阶段(2019～2021年)对浮标进行改进和细化,最终实现15000个浮标的海上演示试验;第三阶段是过渡阶段,将在一年内实现5万个浮标的部署工作[82]。2020年下半年,帕洛(PARC)科技公司、美国施乐公司和北约海洋研究与试验中心(CMRE)先后与DARPA合作开展OoT项目,旨在海上部署上万个漂浮传感器(浮标)。第一二阶段的浮标部署在南加州和墨西哥湾(图1.9),该区域内的高分辨率洋流和海风预测模型为后续浮标的定期补充提供重要位置信息;最初将每3km部署一个浮标,之后在保持覆盖范围的同时可扩大到每20km一个浮标[80]。

图 1.8　浮标部署示意图[80]

图 1.9　OoT 项目第一二阶段的浮标在南加州湾的部署[80]

加拿大的区域尺度海王星海底观测网(NEPTUNE)和近岸尺度金星海底试验网(VENUS)构成了北美最具代表性的海底观测网络，且都已并入到加拿大海洋观测网(Ocean Networks Canada Observatory)中统一管理，用于收集加拿大周边海域长时序的水文、化学、生物和地质等数据，从而支撑海洋科学研究和管理[83]。

基于早期在四维观测理念倡导下制定的"欧洲海底观测网络"(European Sea Floor Observatory Network, ESONET)，欧洲建立了多学科海底观测网(European Multidisciplinary Seafloor and water column Observatory, EMSO)。其由分布在从北极圈到黑海范围的12个关键区域网络集合而成，各个区域配备不同的网络规模，主体上分成以线缆为能源、数据传输基础的实时观测网络，以及以浮标平台为基站的准实时传输的观测网，最终目标是实现欧洲范围内深海多学科观测研究的集成，加强欧洲海洋观测网的科学技术力量。该网络由14个国家的50多个研究机构共同管理，2012年底结束了网络建设的第一阶段准备工作，建成了永久式观测站点，目前正处于数据管理及机构管理统一过渡阶段[84]。

日本东京大学启动了深海地震观测网(ARENA)(图1.10)项目，用于监测地震、生物等信息[57]。目前该项目已建成的光/电缆连接的深海地震观测网长达1500km、宽约200km，位于日本列岛东部海域沿日本海沟的跨板块边界，并初步实现应用[85]。日本海洋研究开发机构(JAMSTEC)自2006年起启动高密度地震—海啸实时观测网(DONET)建设，以监测日本南海海槽的高危地震及海啸活动。其中，日本东南海区段的 DONET1 于 2011 年竣工，日本南海区段的 DONET2 于 2016 年竣工。相对于 NEPTUNE 系统，DONET 重点关注地震和地壳变动等信号的监测[86]；为此，日本海洋学会提议增设海洋化学—生物学测项群，以实现物理—化学—生物的综合观测。

图 1.10　日本深海地震观测网示意图

2. 物联网平台谱系化、信息化、智能化和高度模块化

天基平台方面，美国海洋监视卫星系统进一步实现技术迭代，其中 GOES-T 作为 GOES-R 系列先进天气观测和环境监测卫星中的第三颗于 2022 年 3 月成功发射。此外，美国宇航局和法国国家空间研究中心之间合作研制的单一大型卫星 SWOT(Surface Water and Ocean Topography)将搭载 ka 波段雷达干涉仪(KaRIn)，双束微波辐射计等仪器测量海洋高度变化，开展对精细尺度洋流的研究。目前该卫星已组装完成，正在测试阶段，计划于 2022 年 11 月发射。

空基平台方面，搭载各类光电、对海雷达和海洋环境要素监测设备的有人/无人机发展迅速。2020 年 7 月以色列埃尔比特系统公司为其"海鸥"(Seagull)无人艇配备无人机"云雀"C，提高海洋信息的感知能力。2021年5月美国海军将两架MQ-4C"人鱼海神"无人机部署到驻日美军基地，提高对舰船目标和其他目标实施全天候探测、跟踪分类和识别。

  海基平台方面，美国起步较早，2007年美海军发布了《海军无人水面艇主计划》，系统性探究了无人艇领域的研制计划；在2013年又发布了《无人系统路线图》，对未来无人艇发展的功能需求、技术领域及与其他系统间的互通性进行了总体规划；2017年又提出了Overload计划，重点研发和部署大中型水面无人舰艇(LUSV/MUSV)，其第一阶段将用于油气开采的两艘民船改装为无人艇，并于2020年实现了8000km以上的自主航行；在Overload计划第一阶段完成的基础上，又新启动一个LUSV项目，规划在2020~2024年间斥资40亿美元购买大型无人舰艇和无人潜艇，随着2020年两艘大型无人舰艇下水，美国防部长办公室也决定向LUSV项目投资27亿美元，计划在2022年末下水两艘全新的中大型无人舰艇。除美国外，以色列、英国、加拿大、法国、德国等也在无人艇领域开展了大量的研究，但多数集中在几吨至几十吨级的小型无人艇。此外，美国波音(Boeing)公司的全资子公司液体机器人(Liquid Robotics)[87]长期致力于波浪滑翔机(Wave Glider)的研发。浪滑翔机位于水面，能够实时收集和传输海洋数据，最长可达一年。它连接海底数据并将其传送到卫星和陆地，从而创建一个海洋网络。同时，该水面机器人也是当前众多国家致力解决全球性问题的解决方案。如日本2016年引进了一批 Wave Glider[88]并部署在日本 4 个海域，以提供日本海岸线沿线洋流、波浪活动和天气的实时态势感知，形成了日本历史上第一个无人海洋观测网络，2018 年又扩大到了 9 个海域。未来日本将借助 Wave Glider 等无人系统，进行地震数据的研究，并可更频繁、可靠地收集海啸警报。美国蒙特利湾海洋生物研究所(MBARI)[89]，一直开发和应用新的方法、仪器和系统来解决海洋科学中长期存在的生态问题，拥有一系列水下航行器(AUV)和传感器，但这些机器人及传感器的应用都受到了通信和能源的限制。为了解决这一问题，他们使用 Wave Glider 搭载通信热点载荷，既能实现抗干扰通信中继，又能找到和跟踪水下机器人和传感器。MBARI 接下来计划改进该热点载荷，使用声学来实现更大的 AUV 传感器遥测和机器人指挥控制。以期进一步减少 AUV 的浮出水面时间，从而延长 AUV 的执行任务时间。

  水下平台方面，国际上都将集群协同作为提升海洋观测、探测效率的重要核心技术，发展了各类集群无人系统。美国海军研究办公室正在组织实施近海水下持续监视 PLUSNet 计划，使用固定节点和 UUV、浮标、潜标、传感器和水下滑翔机等节点组成集群，实现对水下目标进行检测、分类和跟踪等功能。澳大利亚建立的综合海洋观测系统(Integrated Marine Observing System，IMOS)，可负责水下滑翔机编队的运行、维护，并对澳大利亚周边海洋进行观测，任务范围覆盖观测海域温度、盐度、海洋酸化和气候变异等，同时完成了对大陆架海域的物理、化学、生物现象的观测和预报[90]。

3. 无人平台被高度重视和使用

无人艇作为"空天海潜"跨域物联网的关键节点，是实现全域信息联通、物质传输、能量传递的重要载体，是构建智慧海洋系统的重要基础设施。随着海洋探索的深入，海洋监测与调查工作越来越多、任务复杂度越来越高，在现有探测装备的基础上，作为高机动性海基探测手段的无人艇为新一代智慧海洋系统提升监测效率、扩展应用范围提供了有效途径。纵观美国和全球各国在无人舰艇发展计划的制定及其相关无人艇性能指标的比对，中大型无人艇是未来重点发展方向，高自主、高耐久性、模块化、可重配置是其重点突破的关键技术。

美国太平洋舰队在2021年4月领导的"无人系统综合作战问题21(Unmanned Systems Integrated Battle Problem 21, UxS IBP 21)"演习上演示了"无人系统在天上、在海上和在海底"的各种操作[91]，大量多域无人平台(包括UAV，USV和UUV)被投入到现实的"蓝水"环境中，并同步工作。其中，中排量无人水面飞行器(Medium Displacement Unmanned Surface Vehicle, MDUSV)的"海上猎手"(Sea Hunter)及其新型姊妹艇"海鹰"均可用于监视、反-潜艇战和其他任务，二者都能承载多个有效载荷并执行多个任务以支持水手和海军陆战队，且均被视为改变游戏规则的工具。

雷声(Raytheon)公司与国防部、DARPA合作，成功完成了为期3周的"跨域海上监视与瞄准"(CDMaST)项目演示验证[92]。CDMaST是一种新型海上"系统之系统"作战概念，旨在实现分布式海上作战，改变海军在对抗性环境中投送力量以及将敌方舰船与潜艇置于危险中的方式。演示验证结合了雷声公司的软硬件设施以及海军信息战中心的虚拟试验台,利用建模与仿真能力,展示了分布式敏捷作战群在反潜战和反水面战场景中削弱对手的方式。试验还使用一架新型无人水面艇原型作为无线移动网关,在各种资产之间共享信息。

美国提出"打击舱"(Strikepods)概念[93,94]。Strikepods是一个分布式原子级微型潜艇(UUV)网络,用于执行不同规模和复杂性的任务,并且可以由任意数量的机器人组成,具体取决于任务的性质。Strikepods类似于蜂群,通过机器人协同工作以完成共同任务,但不同的是,所组成的不同机器人之间存在分级关系。该原子级有三种变体或"模式",分别是指挥与控制(Command & Control)、目标警戒与打击(Target Prosecution & Strike)、通信(Communications),可从海岸、水面舰艇、空中资产或潜艇部署于海水中或海床上,可容纳任何数量的潜航器,用于替代笨重、脆弱的固定设施。"打击舱"可以隐蔽穿透敌 A2/AD 防御,然后作为固定的海底传感器或电磁战节点部署到海底,或者可以等待其他命令,并可作为沉底雷或 CAPTOR 类型水雷动态激活,对敌方潜艇或水面舰艇实施攻击。"打击舱"还可以通过编程集群并攻击敌方潜艇或水面舰艇,寻找并摧毁敌方无人潜航器,或攻击敌方海底基础设施。此外,2017 年美国海军同时向波音和洛克希德马丁公司授予了巨型无人潜艇(XLUUVs)的发展合同。巨型无人潜艇将以"回声旅行者"(Echo Voyager)无人潜艇为参考,一次可在海里待上数月;该潜艇系列采用模块化组建方式,方便以后进行调整,进行升级换代，完成多样化任务[95]。

英国海军海上项目规划团队于2020年12月发布了一份文件，详细介绍了"水下战空间"的挑战和"亚特兰蒂斯2040"概念。"亚特兰蒂斯2040"概念是海上项目规划团队对2040年复合水下能力的构想[96]，以半自主的下一代潜艇为中心，与远程、自主和无人平台协同作战，在网络化和数字化的作战空间中，在水面以上和水面以下发挥作战效能。半自主潜艇母艇部署无人潜航器到达其他装备无法进入的区域，可发射"下一代潜射精确打击导弹"，装备下一代轻型和重型鱼雷，并兼具自主猎雷能力。无人潜航器提供遥感、反潜战屏障和区域拒止能力，超大型或大型无人潜航器可进行远距离水下作业；"水下滑翔器"无人潜航器进行环境分析，并将数据反馈给其他水下装备；近地轨道卫星作为水下和水面装备之间的数据中继，构建"网络化战斗空间"。

1.3 行业应用

美、日、英、澳等国的海洋经济对总体经济的贡献率逐步攀升，海洋电子信息产业链逐渐完整，产业能力不断提高。

现代海洋农业方面，日本的海洋浮动农场已具雏形，同时其海洋牧场建设已趋向智能化和网络化；美国、加拿大等其他国家均利用新型物联网设备、监测平台或 AI 技术、新型供电设备，大力推进海洋牧场建设。

现代海洋工业方面，借助物联网、人工智能、大规模并行计算技术，海洋石油勘探的工艺流程、生产模式被重新改造，生产成本降低，行业竞争力大幅提升；数字孪生技术已成为众多油气公司的战略级部署，并将在众多数字化技术中占有一席之地；在深海能源和矿产开采方面，世界主要国家都进行了相关试验，并朝向精准化和智能化发展。

现代海洋服务业方面，灾害预警和气象服务趋于精细化，可预报的产品范围逐步拓宽；通过融合人工智能、通信等技术，智能船舶的开发也处于大力推进中；全球海运贸易因受到新冠肺炎疫情等因素的影响而出现萎缩，尤以邮轮业亏损严重。

现代海洋治理方面，一是监测手段更加多样，通过多源信息融合、海洋大数据和人工智能技术的辅助，传统监测手段的短板得到弥补；二是监测体系趋于完善，逐渐向高分辨、大尺度、实时化和立体化发展；三是监测目标注重生态功能，关注焦点已从传统意义上的污染监测和评价逐步转向生物多样性保护和海洋资源的可持续开发利用等问题。

1.3.1　海洋农业现代化

海洋农业是以海洋为生产载体，对海洋生物通过人工培育、自然生长，从而获取食品、工业原料或其他有价值的产品；大致可分为海洋生物资源保护培育业、海洋捕捞业、海洋垦殖业、海洋休闲农业等行业[97,98]。现代海洋农业需要融合大数据、区块链、5G等数字化技术来促进传统海洋农业的转型升级，从而实现海洋经济的高速增长。在21世纪之后，各国也加快了现代海洋农业的发展进程，而海洋渔业作为海洋农业的主要组成部分，在新一代技术的影响下也产生了深刻变革。

将水下建筑与耐盐技术相结合，新一代浮动海洋农场诞生。为解决因海平面上升和盐害问题而逐渐恶化的气候情况，日本 N-ark 公司与农业科技研发公司 Cultivera 合作开发了 Green Ocean 浮动海洋农场(图 1.11)，目标是到 2022 年建成漂浮海洋农场的原型。海水农业是一种特殊的养殖方式，通过混合吸收地面和空气中的水分和养分中和碱性海水和酸性雨水。因此，利用海水中的矿物质和营养成分，可以种植出种类繁多的蔬菜。Green Ocean 是一个漂浮的太阳能耐盐温室，由细木头和碳接头建造而成。一旦出海，海洋农场将创造两个新的绿色区域——一个使用咸味农业技术并漂浮在水面的食品生产空间，以及一层将改善水下环境的藻类。独特的三角屋顶(图 1.11)有助于收集雨水，然后与海水混合用作植物的肥料；同时，较冷的海水控制室内温度，用作农场内的空气调温。海水农业背后的基本技术是"水分栽培"，它允许在湿度控制下进行栽培。通过

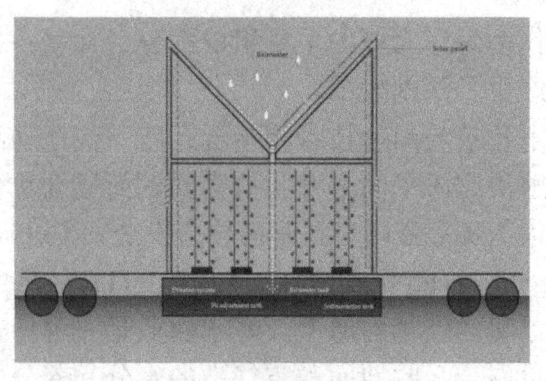

图 1.11　Green Ocean 浮动海洋农场[99]

这种方法，可以用约 15mm 的特殊纤维在天然土壤表层约 5cm 处进行繁殖，通过特殊纤维蒸发水分，对植物施加水分枯竭胁迫，可以种植出强化糖分和维生素的蔬菜。"水分栽培"使用传统灌溉耕作方法所需水量的十分之一，即使在水源不足的地区也可以应用。

　　探测手段、捕捞装备、监控方式等方面多措并举，推动渔业捕捞智能化进程。一是水下声学装备的引用提升渔业资源探测精度。国外渔业发达国家采用先进的多波束、分裂波束探测仪声学装备与进行鱼群探测，如挪威的 SIMRAD SX90 多波束探测仪、日本的 FURUNO FSV-35 多波束探测仪、挪威的 SIMRAD EK80 分裂波束探测仪等[100]。国外研制的探测仪最大量程可达 5000m，可实现 360°水平全向探测，具备很宽的频率范围，可探测不同频段的海洋生物、海洋资源信息，并运用信号处理技术对海洋目标的运动轨迹、游动速率及方向等参数进行跟踪测量，实现渔业资源精准探查、快速定位、高效聚捕。二是水下成像系统的应用降低兼捕、误捕概率及掌握海洋生物行为规律。

渔业发达国家对于水下成像系统早已广泛应用。一方面，借助于水下成像系统可视化的效果，可快速分辨捕捞对象的种类、大小及规模，有效减少兼捕、误捕的可能。另一方面，水下成像系统还能用于观察海洋生物的生活习性、应激反应等，有助于了解海洋生物的行为学规律，并对于进一步开发基于生态保护型的捕捞工具有着重要的作用。澳大利亚开发的监测鱼类生长的视频系统，能够从水下立体视频成像中对鱼类进行自动识别和测量[101]。三是捕捞装备的改进实现渔获物的选择性捕捞。新型智能化的拖网、围网捕捞装备可有效提高目标物种的捕获量，如美国推出的 CatchCam 和 SmartNet 两款智能拖网捕捞产品，作为可远程控制的变向装置，可实现在起网前实时观察拖网内的渔获内容，并让非目标捕捞物种以低死亡率游出拖网[102]。四是有效的电子监控手段避免过度捕捞。采用电子监控有效统计渔获物的种类，可避免过度捕捞及破坏海洋生态平衡。如挪威采取深度视觉拖网相机系统+深度卷积神经网络的方式对蓝鳕、日本鲭、太平洋鲱等鱼进行捕捞监控；丹麦采用 GPS、液压和旋转编码器、摄像机+硬盘与 3G 或 4G 或卫星+网格覆盖系统的方式对远东宽突鳕进行监控等[103]。

  工业化与数字化的融合，实现深远海网箱自动化养殖。随着计算机集成和自动控制技术的应用和发展，深远海网箱自动化养殖管理装备发展迅速。挪威、美国、加拿大、日本等国家，几乎垄断了深海养殖技术和运营市场[104]。挪威 AKVA 公司生产的自动投饵装备，采用多普勒残饵量传感器将监控数据传输给管理系统，经由系统分析确定下料量；一台投饵分配器可实现多达 40 路远程输送，输送距离为 300～1500m，最大喂料量为 635～5230kg/h[104]。挪威 Nordlaks 公司生产了名为 "HAVFARM 1" 的养殖装备，可以实现鱼苗的自动输送、自动投饵、自动捕捞以及箱体的自动监测、自动增氧、水质净化等智能化功能[105]。加拿大、美国等国在深远海养殖方面也有重大研究成果，推出了半自动有缆洗网系统、自动投饵系统和鱼规格自动分级系统等智能化系统[106]。日本 NITTO 公司研制出基于小料仓的自动投喂系统[107]；研发了利用太阳能运行的物联网设备，通过传感器和人工智能来监测鱼类行为及确定喂食时间；利用物联网技术监控海洋牧场水质环境、人工鱼礁、智能网箱等[108]。加拿大 XpertSea 公司使用 AI 技术和计算机视觉对水生生物幼苗(如虾幼虫和活体饲料)进行计数和体型测算。印尼 EFishery 公司正在开发一种通过监测鱼的运动和水的涟漪来跟踪饥饿程度的池内自动喂鱼器。美国农业食品巨头嘉吉公司发布了一款渔业物联网监测平台，利用移动设备和传感器监测海洋牧场的环境数据、水质、鱼虾大小、喂食模式等，并利用卫星将数据传输到总部。美国 C-Power 的供电设备 SeaRAY AOPS[109]在夏威夷进行了第一次为期六个月的海上试验后，可为偏远社区和灾难恢复情况的近海养鱼场、航运、海水淡化设备，以及可用于研究海洋野生动物(如难以捉摸的格陵兰鲨鱼)的深海机器鱼提供动力。SeaRAY AOPS 可以产生 100W 到 20kW 之间的电力，足以为从海底数据收集系统到中型海底车辆或水面船只的任何东西提供动力。挪威大型三文鱼生产商 SalMar(萨尔玛)开发的深海渔场 "Ocean Farm 1" (海洋牧场 1 号)顺利于 2020 年通过挪威渔业局的验收，测试期间的养殖报告将公开发布，公司的"发展许可证"(development licenses)也成功转换为永久养殖许可证。下一步正在建设的"Ocean Farm 2"(海洋牧场 2 号)(图 1.12)可以承受百年一遇的风暴，该设施将具有 23,000 吨的生产能力[110]。

图 1.12 SalMar 海洋牧场 2 号

1.3.2 海洋工业现代化

在深海能源和矿产开采方面，世界主要国家都进行了相关试验，但未进行工业化开采。美国、日本最先对海洋天然气水合物进行钻探，此后的二十余年又有印度、中国、俄罗斯、加拿大与韩国等国都对海域水合物进行了钻探工作。目前对天然气水合物开发已进入试验开采阶段的有美国、日本、印度、韩国、中国、俄罗斯和加拿大等国家[111]，虽取得突破性进展，但目前都存在一定问题，尚没有进行工业化开采。深海锰结核在深海矿产资源中因其分布最广、经济价值最高而广受关注。此后，国际上对深海锰结核资源的勘查、开采和冶炼等一系列研究始终没有中断过，并且这类调查研究日趋增强[112]。荷兰、比利时等国家自2017年多次进行了深海采矿装备海试与环境评估，同时逐渐完善了其深海矿产资源开发技术装备[113]。通过大量的海上试验，目前国外已建立较完善的深海矿产资源开发技术方案，掌握了核心装备的关键研发技术，包括水下动力输送、水下综合导航定位、海底矿石开采装备安全行走和高效采集、长距离泵管输送流动保障、全系统协同控制、重载装备海上布放回收等技术[113]。然而，锰结核不但生长极慢而且开采不易，以至于至今没有工业开采。在大数据、现代信息技术、人工智能等技术的加持下，深海矿产资源开发系统将进一步提高精准作业、协同控制、长期运维、实时调控的能力，未来锰结核开采技术将趋向于高精度和智能化[113]。

在海洋石油勘探方面，随着物联网、大数据、人工智能等新一代技术的广泛开发应用，全球领先油气公司均将数字化转型作为重要战略举措，大力引入新技术，改造传统流程、创新生产模式和运营模式，减少油气生产成本，提高企业竞争力，并加快建设智能油田、未来油田等，以取得未来发展优势[114]。基于超大规模并行计算的海洋多分量勘探技术、全波形反演和逆时偏移成像技术以及机器学习地震处理解释技术，美国的海洋油气探明率大幅提高至75%。S-Cube（Satyam Software Solutions，萨蒂扬软件技术有限公司）公司在2021年国际勘探地球物理学家学会(Society of Exploration Geophysicists, SEG)举办的年会上提出自适应反射波形反演方法[115]，使用云计算加快深度成像，用时从几个月缩短到几天，而且反演深度在折射波最深穿透深度以下。英国石油(British Petroleum, BP)公司利用数字化技术实施物联网和IT整合、数字孪生仿真，配备传感器的油气井高达99%，布设了2000km光缆，采集数据500万个/分钟，储存分析能力达到PB级，设施可靠性由88%提升到95%，显著降低了因设施停产造成的产量损失，自2014年以来每年节省10%~15%的勘探成本[116]。挪威国家石油公司Oseberg-H于2018年10月投产的无人平台，通过油田中心远程操作，简化了工艺流程，减少了设备设施，无需定期巡检，每年仅维护1~2次[116]。该平台利用新型数字技术以7.95亿美元的交付价完成了设计和建造，比预算成本低20%以上，项目盈亏平衡价格从34美元/桶降至20美元/桶以下。油田技术服务公司斯伦贝谢(Schlumberger)，通过与阿布扎比AIQ、G42两家公司进行合作，在石油和天然气行业的人工智能、机器学习和数据解决方案的开发部署上不断加强其在机器学习和云计算方面的能力；另与IBM旗下的红帽合作，以期将混合云计算技术与油气行业相结合创建一个数字平台[114]。综合性油田服务公司哈里伯顿于2021年10月发布了iStar智能钻井和测井的综合性测量平台。该平台包含多种服务，其数字架构支持自动化、人工智能等，可用于储层评估、快速钻井和连续油井交付[117]；该平台采用了更多的传感器和更少的套管接箍，从而使得井底组件的长度大大缩短，连接器数量大幅减少，作业可靠性有效增强。目前，钻井作业公司已在中东、欧洲和北美的多个地方运营iStar平台服务；北海的一家作业者成功地将iStar三重组合服务应用到一口评估井中，确定了该井纯砂岩的最佳压力点，提高了对油藏的认识，为未来的油田开发活动提供参考[117]。

近年来，数字孪生技术在油气行业中被高度重视，或将成为油气运营的支柱[118]。数字孪生，广义上可理解为物理世界的数字化表达，通过数字世界对真实世界的模拟，并预测可能会发生的各种情况，从而基于模拟结果做出判断，选取最优方案，并反馈到物理世界。BP 公司早在 2017 年就开始大规模部署其 APEX 模拟和监测系统，该系统在 2017 年 BP 的全球投资组合中每天增加产量达 3 万桶油气当量[118]。2019 年 9 月，BP 宣布已在墨西哥湾的 4 个生产平台上部署了独立的数字孪生项目，并在 2021 年完工了里海新平台 ACE(Azeri Central East)，成为第一座从概念到前端工程设计、再到详细设计均采用数字孪生技术的平台。壳牌公司也在着力部署数字孪生技术。2020 年 9 月，Akselos 公司为壳牌的 Bonga Main 浮式生产储卸油装置(位于尼日利亚尼日尔三角洲西南 120km 处)成功部署了结构化数字孪生(Digital Twin)；通过数字孪生，壳牌拟将其位于新加坡布科姆岛的炼油厂建设成一个虚拟工厂。2020 年 10 月底，壳牌与 Aveva 公司签署合作协议，通过打造一个工程数据仓库，支持数字孪生技术在管理资产生命周期中的应用[118]。此外，油服公司也开始从事数字孪生技术服务业务。2021 年，哈里伯顿与科威特石油公司(KOC)签订合同，通过油田设计和运营数字孪生技术，帮助 KOC 实现工作流程的自动化，缩短从数据到决策的周期[118]。在油气行业通过数字化转型升级降本增效的大趋势下，越来越多的石油公司开始部署数字孪生。可以预见，数字孪生将在众多的数字化技术中取得一席之地，并将和云计算、物联网、人工智能等其他新技术一同为传统油气业务转型发展提供支撑[118]。

1.3.3 海洋服务业现代化

海洋服务业是提供各种服务的海洋领域的经济部门及各类涉海企事业的集合，包括海洋交通运输业、海洋旅游业、海洋科研教育管理服务业等[119]。目前，新一轮科技革命和产业变革方兴未艾，业务模式的变革与创新成为海洋服务业的必然之举[120]。现代海洋服务业是新一轮科技革命下的新型产业，需结合信息化手段来提升业务模式的自动化、智能化水平，实现传统海洋服务业的创新突破。海洋运输业作为海洋服务业深刻变革的主要对象，在新一代技术的影响必将取得重大突破。

以港口运营自动化、智能化为重要抓手，积极开展智慧港口探索与实践。作为现代港口发展的新理念，智慧港口是港口行业和现代科技发展到一定阶段的产物[120]。世界各国纷纷以 5G 和人工智能为关键技术为切入点，逐步实现港口自动控制、港区无人驾驶、港区智能安防等为代表的新一代智慧港口应用。如新加坡大士港创造性地采用多套自动化系统，包括岸桥自动维护系统、码头自动化系统、自动导引车系统、自动化场地起重机、智能视频分析系统等，使大士港成为超现代化、高度自动化、智能化的智慧物流中心[120]。迪拜推出了智能集装箱仓储系统，相比以往，仓储容量增加 2 倍，作业时间缩短近 30%，大幅提升了码头的生产率[121]。欧洲鹿特丹港通过物联网、大数据、智能计算、智能控制等技术手段，强化码头平面运输作业、堆场内作业、道口进出等全过程的自动化和一体化控制，未来将采用全自动化码头技术和远程控制船岸起重机来进一步提升码头的运营效率[122]。德国汉堡港建设的 EDI(电子数据交换)中心，可传输海运行业涉及的各种业务信息及处理 200 多种格式与海运有关的电子单证[123]，同时，还打造了智能化码头，实现全自动化卸货、堆场、装货、装船等遥控操作[124]。

聚焦无人化船舶驾驶技术，推进船舶智能化发展。智能船舶融合了人工智能、智能通信、物联网等技术手段，可实现船舶自身、港口、物流等信息的自动感知，是未来船舶发展的主要方向[108]。随着自主避碰、自动靠离泊、船舶能效管理系统等典型船舶智能设备系统的日趋成熟，世界主要造船国家纷纷加快智能船舶的研究步伐[125]，亚洲如韩国、日本等，欧洲如芬兰专注船舶和能源市场的瓦锡兰(Wartsila)公司、英国著名发动机公司及欧洲最大航空发动机企业罗尔斯·罗伊斯(Rolls-Royce Plc)，挪威主营海事、油气、防御和防卫的康士伯(Kongsberg)集团等。日本总体遵循自上而下的发展理念，推行无人智能船舶航行试验，将小型内航集装箱船"SUZAKU"号作为试验船，在拥挤海域进行长距离无人航行测试试验，岸基控制中心负责在测试期间对船舶进行远程监控，并在紧急情况下进行远程操作[126]。韩国研发的新型智能船舶，以信息与通信技术(ICT)为基础，并配备了全球电信网络导航和监控系统，将船上所有服务融合到多链接的单一网络，进行自动化和无人化控制，实现船舶高效、安全运营[125]；大宇造船利用物联网技术建立了无图纸即可自动化生产船用配件的智能工程，并且计划引进英特尔船舶物联网解决方案；三星重工获得了美国船级社颁发的全球首个关于智能船舶解决方案的网络安保技术认证。2018年，罗尔斯·罗伊斯在芬兰图尔库市以南群岛开展了渡轮无人驾驶试验，且在遥控操作状态下顺利返航[127]。同年，瓦锡兰搭配自动靠泊系统的渡船"Folgefonn"号首次港口靠泊试验成功。该试验船在自动靠泊系统激活后可实现自动减速操作、全自动对排和靠泊操作，直至安全停入泊位[125]。2020年，康士伯集团在挪威霍尔滕港完成了一艘满载状态的渡轮从码头到码头的全自动化操作[127]。

人工智能技术推动海洋气象服务和灾害预警能力进一步增强，为社会经济发展及气候预测等提供决策支撑。日本海洋研究机构和九州大学利用人工智能深度学习技术，基于全球云系统分辨率模型(NICAM)气候实验数据，开发了高精度识别热带低气压征兆云的方法，可识别出夏季西北太平洋热带低气压发生一周前的征兆。2019年，日本创价大学提出了一种方法，通过利用长短时记忆(long short-term memory, LSTM)神经网络来提取网络指标，来预测厄尔尼诺(El Niño-Southern Oscillation, ENSO)现象[128]。美国大气海洋局(NOAA)计划在2023年推出 WoF (Warn-on-Forecast)系统，可为美国及其临近海域提供精细化天气预报和灾害预警——美国本土计算网格大小精细至3~10km，全球区域内网格精细至15km，其计算需求高达1万亿次。法国麦卡托海洋中心的全球海洋预报系统，利用人工智能使7天预报能力从以往的全球2°分辨率发展到目前的1/12°，可提供全球海表温度、盐度、海流、海面高度等分析和预报，同时也能提供南极圈冰厚、冰密集度和漂移轨迹等预报产品。德国科学家利用机器学习建模的数据驱动模型明显改善了对复杂动态环境如飓风、森林火灾等的解释。

1.3.4　海洋治理现代化

各国针对重点海域加强安防技术研究。信息化技术和手段的进步，不断推动水下安防系统及其核心探测设备的发展，海域安防是涉及信息感知、水声信号处理、人工智能等尖端技术手段的海洋治理研究领域，所研究的防护重点区域也由早期的近海岸的港口、电站、船厂等海域要地防护，扩展至海上石油、天然气钻井平台等重要海洋经济基础设施的水下防护，是将重要技术进行普惠性应用的范例。美国圣地亚哥科学应用公司集成可见光及热成像设备、高分辨率雷达、水下声学探测网络和蛙人探测声呐等设备，研制出一套海域安防系统，其中蛙人探测声呐采用大角度扇面搜索，对水下蛙人目标进行跟踪探测与识别。针对重点港口及舰艇的水下防护，北约水下技术研究中心研制了近程水下警戒系统，并对接近港口的水下威胁做出快速响应[129]。蛙人探测声呐是海域安防领域的核心设备；英国QinetiQ 公司设计生产了蛙人探测声呐"地狱狗 360"(Cerberus 360)DDS[130]，其工作水深不足 10m，可做底布设或安装在船舷，采用主被动联合探测的方式探测水下威胁目标，有效探测距离达 800m，可同时跟踪 50 个目标，美军将其用于组建港口水下安保系统(Underwater Port Security System, UPSS)，德国海军也将其应用于护卫舰[130]。

2006年，以色列DSIT公司研发了"水盾"(AquaShield)DDS，采用主动工作模式，适合宽广水域的水下目标长距离探测，可免维护地长时间固定安装于水中，实现从探测到跟踪全天候自动化，对开式蛙人的有效探测距离达1200m；2014年，DSIT公司对"水盾"DDS进行改造升级，进一步提升了探测距离，使得闭式、开式蛙人及蛙人运载器的有效探测距离分别达到1200m、1800m和3500m[130]。波兰水下战中心联合波兰海军研究院开发的Kryl系列水下探测系统，采用主被动联合探测模式，以保护海域重要设施并抵御水下入侵，同时利用预设的水雷摧毁入侵者[130]；其中的Kryl-A系统对普通游泳人员的探测距离达150m，开式蛙人探测距离为300m[131]。美国NuvoSonic公司研制的P2P3声呐，最远探测距离超过2000m[129]。

新一代信息技术助力海洋目标监测；海洋环境监测体系趋于完善。全极化合成孔径雷达对目标散射矩阵信息的测量能力使其在目标监测和分类方面具有独特优势，但其成像刈幅过窄无法满足星载平台业务化目标监测的需求。目前，印度RISAT-1和日本ALOS-2卫星上搭载的C波段和L波段合成孔径雷达已有简缩极化成像模式，获取的数据已初步应用于大范围海洋溢油监测[132]。美国海军正在将其数据中心整合，以大数据作为未来支撑。在海洋环境监测方面，监测体系趋于完善，监测目标逐步注重生态功能和人类健康。随着监测能力的不断提升，发达国家和地区的监测体系逐渐向高分辨、大尺度、实时化和立体化发展，监测项目与内容愈加丰富。例如，针对工业发展导致水体富营养化严重这一问题，芬兰与美国将水体富营养化的监测纳入到研究重点；加拿大的监测范围已从近岸海域拓展到了北极。可以看出，全球海洋环境监测呈现如下趋势：监测范围由区域向全球扩展，监测目标逐步注重生态功能，关注焦点从传统意义上的污染监测和评价逐步转向海洋生物多样性保护、海洋环境可持续开发利用、海洋环境保护措施和人类健康等更深层次问题[133, 134]。

第 2 章　我国发展现状

2.1 背　　景

2.1.1 海洋规划与政策

我国既是陆地大国，也是海洋大国，拥有广泛的海洋战略利益。党的十八大做出了建设海洋强国的重大战略部署。习近平总书记在中共中央政治局第八次集体学习时强调[135]，要进一步关心海洋、认识海洋、经略海洋，推动我国海洋强国建设不断取得新成就。经略海洋就是要放眼国际、总观全局，立足国内现状和长远发展，统筹协调海洋和陆地、中央和地方、资源和环境、行业与管理等关系，在涉及海洋发展的重要问题上做出具有战略性的谋划，从而推动海洋强国战略目标的实现[136]。在建设海洋强国的战略背景之下，我国在海洋发展和海洋治理上做出了具体规划；同时，在积极参与全球海上合作和海洋治理方面，也出台相关政策标准，显示我国对扎实推进海洋强国建设的决心和强烈需求。

1. 海洋发展规划

我国对于海洋发展给出了工作重点和行动纲领。2021年3月，《中华人民共和国国民经济和社会发展第十四个五年规划和2035年远景目标纲要》对外公布。在第三十三章

"积极拓展海洋经济发展空间"中指出，我国将坚持陆海统筹、人海和谐、合作共赢，协同推进海洋生态保护、海洋经济发展和海洋权益维护，加快建设海洋强国；具体包括建设现代海洋产业体系、打造可持续海洋生态环境、深度参与全球海洋治理。在加快发展现代海洋产业体系上，该规划提出，要培育船舶与海洋工程装备等产业创新发展，巩固提升船舶等领域全产业链竞争力。

在海洋治理上，相关部门印发了海洋生态预警和海域综合治理的方案。2021年12月，自然资源部办公厅印发了《全国海洋生态预警监测总体方案(2021—2025年)》，统筹推进"十四五"海洋生态预警监测体系建设和任务实施，满足自然资源管理需求；围绕"对海洋生态系统的分布格局掌握清楚，对典型生态系统的现状与演变趋势掌握清楚，对重大生态问题和风险掌握清楚"的总体目标，构建中央和地方权责清晰、分工协作、高效运行的组织管理和业务体系，初步建成全国海洋生态监测站网[137]。2022年2月，生态环境部等7部门联合印发《重点海域综合治理攻坚战行动方案》，对"十四五"时期渤海、长江口—杭州湾和珠江口邻近海域等三大重点海域综合治理部署了在陆海污染防治、生态保护修复、环境风险防范和美丽海湾建设四个方面的主要攻坚任务。

2. 海洋政策法规

我国海洋法治建设相对滞后，涉海立法单一、分散，管理体制尚未统一，海洋权益时常遭到侵犯。随着国家海洋管理机构改革加快、海洋执法队伍整合提速，海洋安全的国内外环境和海洋生态环境保护亟待进一步改善，加上我国在全球海洋治理中角色日益凸显，一部基础性、综合性、统领性的海洋立法已成为客观所需，从而提升国家海洋治理能力，并为实现依法用海、依法管海、依法治海提供法律保障[138]。我国的海洋基本法在 2011 年 3 月已作为议案被提出，历经十余年的酝酿尚未出台，当前对海洋基本法的研究应当集中到立法体系及其具体内容上。

另外，我国自十八大以来形成了关于海洋生态文明建设的系统部署，但现有法律制度在海洋生态要素的利用管控与保护改善、海洋生态区域保护等方面都存在不足，需对相关法律法规、规章政策进行系统性梳理，确保为海洋生态文明建设提供健全的制度保障。目前，我国海洋生态保护的相关规定分散于《海洋环境保护法》《海域使用管理法》等法律、《自然保护区条例》《水生野生动物保护实施条例》等行政法规、《海洋特别保护区管理办法》《海岸线保护与利用管理办法》等部门规章以及大量的相关地方性法律法规之中。此外，《国务院关于印发全国海洋主体功能区规划的通知》《关于加强滨海湿地保护严格管控围填海的通知》等政策性文件，也对海洋生态保护发挥着规范作用。2020 年对《渔业法》进行了大幅修订，加强了我国打击非法捕捞的法律基础。

2.1.2 海洋领域的重大事件

在"十四五"开局的 2021 年，我国的海洋事业在关键技术装备和海洋产业上都有重要突破，创造了良好业绩。中国海洋科研事业韧性稳定发展，有力支持了国家"一带一路"倡议和海洋强国战略。

在天基平台和深海关键技术装备上，我国不断取得科研佳绩。天通一号03星成功发射入轨，与地面移动通信系统共同构成天地一体化移动通信网络，为中国及周边、中东、非洲等相关地区及太平洋、印度洋大部分海域用户，提供全天候、全天时、稳定可靠的语音、短消息和数据等移动通信服务。海洋二号D卫星发射成功，与在轨运行的海洋二号B和海洋二号C卫星组成我国首个海洋动力环境卫星星座，大幅提高了我国海洋动力环境要素全球观测覆盖能力和时效性[137]。自主研制的"探索4500"自主水下机器人，在我国第十二次北极科考中成功完成了北极高纬度海冰覆盖区科学考察任务。成功研制的海空两栖无人航行器"哪吒"，可实现在空气、水里不同介质间自由穿越，有望广泛应用于海上搜救、海洋科学、海洋工程等领域，同时进行空中、水面和水下的探测任务。作为一种新概念自主无人潜水器，所研制的水下直升机可长期驻留海底工作，具有自由起降、定点悬停、全周转向和贴底航行等特色功能[139]，在海底移动探测与作业领域迈出重要一步。此外，"海牛Ⅱ号"海底钻机研制成功，钻探深度增加并具备保压取芯功能[139]，为我国海底天然气水合物勘探提供装备技术支撑。

在深水油气勘探开发和矿产资源探测上，我国也取得重要进展。2021年6月，自营深水大气田"深海一号"正式投产。该海上气田探明天然气最大水深超过1500m，最大井深达4000m以上[140]，其正式投产预示着我国深水油气勘探开发潜力巨大、前景广阔。另外，我国创建了以"大洋一号"为代表、装备先进的深海大洋调查船队，研制了以"蛟龙"号载人潜水器为代表的深海资源探测系列装备，我国深海资源勘查技术已达国际先进水平，并同国际海底管理局签约合作，在太平洋、印度洋取得了具有优先开发权的海底资源"矿区"。

在海洋服务和治理上，我国取得令世界瞩目的成果。2021年12月，长三角港口的集装箱吞吐量已经突破1亿标箱，其中的宁波舟山港年集装箱吞吐量首破3000万标箱，继上海港、新加坡港之后成为全球第三个3000万级集装箱的超级大港，2021年货物吞吐量超过11亿吨。中国首条跨海高铁——新建福(州)厦(门)铁路湄洲湾跨海大桥成功合龙，这意味着新建福厦铁路关键控制性节点已顺利打通，建成通车后，福州、厦门将实现"一小时生活圈"。2021年10月，我国自主研制的首艘万吨级海事巡逻船"海巡09"号在广州正式交付列编。该船可实现空海一体综合执法和全球巡航救援，成为我国海上重要的巡航执法、应急协调指挥的动态执法平台。

2.2 现　　状

我国海洋网络信息体系理论日趋完善，其内涵、特征、组成和服务方向日渐清晰。我国的海洋网络信息体系在不断的摸索中形成了以"网络中心、信息主导、体系引领、应用变革"为主要特征，以海洋能源网、海洋信息网和海洋物联网为主要组成，以现代海洋工业、现代海洋农业、现代海洋运输和现代海洋治理为主要服务方向。海洋网络信息体系依托物联网、大数据、云计算、人工智能等新一代信息技术，利用体系工程思想，按照强化共用(基础设施)、整合通用(功能系统)、开放应用(能力建设)的建设理念，集成社会各界已有、在建和筹建的系统资源，构建用于提升海洋业务体系、装备体系和产业体系等能力的复杂巨系统。

我国在海洋网络信息体系领域的关键技术上成果显著。在基础设施方面，我国已初步建成了由近岸、离岸、大洋和极地组成的海洋网络信息体系基础设施框架。在海洋能源方面，核心技术已达到国际先进水平。在海洋信息方面，智能感知等关键技术取得重要突破，海洋监测系统趋于完善；在信息传输上，初步构成了海洋全覆盖的通信网络，在水声垂直通信和远距离通信方面均取得显著进展；在信息处理上，依托大数据、云计算、人工智能等新技术，积极建设了信息服务系统和数据处理平台，相关研究备受关注。

2.2.1 海洋能源网

参考陆地上能源网的架构体系，海洋能源网的架构概况分为四部分(图2.1)：产能级、储能级、输能级和用能级。其中储能级和用能级可借鉴陆地上能源技术体系架构；海上输能级体系重点涉及近海或近海岸区域的海底高压电缆输送，诸如氢能转运、海上无线输电技术等新型技术亟须进一步开展研究；产能级涉及波浪能、潮汐能、温差能及自供能等新型产能技术得到了快速发展，"能源岛"的概念也亟须加快实质化的应用推广。我国在海洋能源的"产、储、输、用"四方面均取得了一定的进展。在产能方面，海上风能发电优势明显，潜力巨大；在储能方面，化学与物理规模储能技术取得显著进展，部分技术达到世界先进水平；在输能方面，适宜海上远距离输送的高压直流技术成为关键突破点，海底电缆监测系统不断完善，近/远场无线输能技术已在部分领域进入应用阶段；在用能方面，多种可再生能源高效互补的综合海洋能源系统已基本满足沿海城市及边远海岛的能源需求，其中的光伏发电系统已用于南极无人值守科研自动观测站。

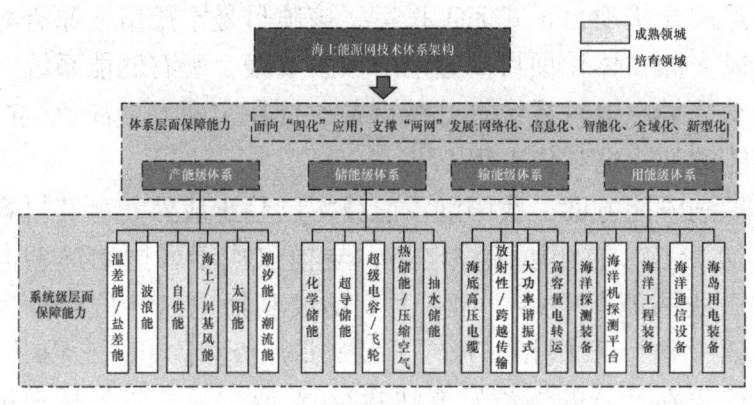

图 2.1 海上能源网技术体系架构

1. 能源开发领域蒸蒸日上

在能源开发领域，海上风能及光能开发技术日趋成熟，潮汐能、波浪能及海流能成果显著，温差能及盐度差能研究升温。

海上风能方面，目前我国发展永磁同步风力发电机，并采取混合方法，取长补短，对风电场功率进行预测。海上风电单机容量以 2.5~5MW 为主，随着技术水平提高，单机规模持续扩大，国内研制成功风电单机功率已达世界先进水平[141]。我国海上风电产业成为海洋经济中增速最快、潜力巨大的产业之一[141]。

海上光能方面，我国已成熟掌握水面漂浮式光伏电站技术。当前，海上光伏发电技术重点大多放在漂浮光伏发电项目的建设问题和关键技术突破等方面。某公司提出了一种漂浮式风力、光伏、水力一体化综合发电平台，具有提高海上漂浮式风电机的稳定性，实现风力、光伏、水力一体化综合发电的特点。2022年1月，福建省第一个海上漂浮式光伏项目正式完工投运，该项目是宁德市在原有海上风光储一体化项目基础上的探索实践，配有储能系统、电动船舶充电桩系统等升级设备，旨在实现海上渔业生产用能的油改电替代工程[142]。

潮汐能方面，我国潮汐能技术已趋于成熟，总装机容量4.1MW的江厦潮汐电站，规模仅次于韩国始华湖电站、法国朗斯电站、加拿大安纳波利斯电站，位居世界第四[44,143]。我国相继开展了多个兆瓦级潮汐电站工程[44]，目前正在运行的潮汐发电站共有8座，总装机容量超过6000kW，年发电量1000万余度[144,145]；其中，江厦潮汐试验电站自建成以来不断扩容增效改造，机组在复杂工况下的运行效率达世界先进水平，累计发电量截至2019年底超过两亿度[13]。

波浪能方面，基本实现了技术上的自主创新，可靠性、实用化、高效转换等技术难点正在被攻克[44]。针对我国波浪能资源特点，小功率波浪能发电装置已成功研制，完成海试装置约有30台，基本实现为偏远海岛供电[146]。自主研发的"万山号"100kW 鹰式波浪能发电装置成功运行，实现了我国漂浮式波浪能装置的长期稳定工作，振荡水柱技术等波浪能能量转换技术取得突破。首台 500kW 鹰式波浪能发电装置"舟山号"(图 2.2)于 2020 年 6 月底正式交付，是中国单台装机功率最大的波浪能发电装置[147]。当前，近海波浪能功率密度普遍不高，波浪能开发利用应注重开发高效、可靠性高的波浪能装置，并向阵列规模化方向发展；同时，为海上观测仪器及设备提供电力也是发展方向之一[13,148]。

图 2.2 鹰式波浪能 500kW 发电装置"舟山号"[147]

温差能方面，我国已独立掌握海水温差能发电技术，并完成温差发电装置的研究和实验，温差能技术研发日益升温，目前已并网运行 50kW 温差能电站，并正在推进 10MW 温差能项目的研究[149]。

盐差能方面，我国研究团队已成功制备了系列表面电荷密度和孔隙率可调控的大面积 3D Janus 多孔膜[53]。在电场或化学梯度场下，该 Janus 膜在高盐环境下具有离子电流整流特性和阴离子选择性，可利用盐差能发电展现出卓越的性能：在模拟海水/淡水盐度差条件下功率密度可达 2.66W/m²[53]；通过多级膜集联，已可以驱动小型电器等正常工作[150]。

自供能方面，我国在 21 世纪初开展了利用海洋动能实现海洋装备自供能技术的研究。所研制的通过收集波浪能来实现供能的发电装置，其主要构成模块为不均匀质量块和电机，外形呈圆柱状，工作原理是借助不均匀质量块的惯性因受到波浪激励摆动而产生动能。另外研制了惯性式波浪能供电浮标，实现了超低频环境下功率密度从微瓦级到毫瓦级的跨越。同时，某所研制的一种复合光伏、温差、波浪俘能发电装置，实现了海洋环境动能的高效利用。

2. 能源存储技术进展显著

在能源存储领域，我国在化学与物理规模储能技术方面取得显著进展，掌握了多项储能技术，部分技术达到世界先进水平[151]。大规模储能方面，有自主知识产权的超临界压缩空气储能系统技术已完成示范运行，性能指标优于国外同等规模的压缩空气储能系统[151]。多家锂离子电池企业掌握了规模储能锂离子电池系统技术，开发出软碳负极、层状锰酸锂正极的储能型锂离子电池，循环性能达到 7000 次，降低了电池成本[151]。固态锂离子电池方面，突破了材料、电芯的制备技术以及几十公斤级材料的相关制备工艺，为储能技术发展奠定重要基础[151]。液流电池方面，在关键材料基础研究和电池系统集成及应用示范工程方面取得重大突破。相关单位牵头了国际相关标准的制定，并实施了近 30 项应用示范工程，应用领域涉及智能微网、分布式发电、离网供电及可再生能源发电等领域[151]。近年来，通过电池关键材料和电堆结构设计创新，使电堆的功率密度提高一倍，从而使成本显著降低。国内高校和研究院所对于石墨烯/锂硫/锂空等新一代锂离子电池、半固态/无薄膜等新一代液流电池、铝/锌等金属空气电池、钠/镁离子电池、液态金属电池、石墨烯超级电容电池、双碳电池、纳米微电池、有机电池等新型储能电池的研究均取得显著进展。

3. 能源传输水平大幅提升

在能源传输领域，海上输电技术水平进一步提升，海缆运维系统得到完善。连续大长度绝缘挤出工艺、厚绝缘除气技术、铜丝铠装等大长度超高压海底电缆关键技术突破，无接头 35kV 光电复合海底电缆工程建成投运，处于国际先进水平。我国现行海上输电方式中高压交流和柔性直流输电技术较为成熟，输电方式的选取受输电距离的影响。针对边远海岛以及极地等能源传输困难地区，我国建成的风-光-燃-储互补智能微电网发电系统可实现该地区能源自给自足，并成功应用于南极科考"泰山站"。目前，已投运的海上风电场均采用交流汇集、交流送出的并网方式，送出电压等级以 110kV 和 220kV 为主；多个处于规划建设中的海上风电场，拟采用柔性直流送出技术方案。当输送容量大于 600MW、离岸距离大于 115km 时，高压直流送出最为经济，适宜海上风电的远距离送出[152]，已经成为我国海上风电送出技术的关键突破点。在海缆运维方面，海底电缆应急修复技术成功应用；基于光纤传感的海底电缆监测技术以及电容耦合传感器局放监测、电感耦合传感器局放监测、超声传感器及光学传感器局放监测等基于局部放电的海底电缆监测技术研究，完善了海底电缆监测系统。在无线输能技术方面，开展了大量技术探索工作，在微波无线输能、激光无线输能以及电磁共振耦合输能方面进行了大量实验验证，部分领域已进入实用化应用阶段。

4. 能源利用精细化高效互补

为促进海洋能公共服务平台建设、健全海洋能开发利用标准体系，在海洋能资源普查及部分重点区资源详查的基础上，进一步实施海洋能资源精细化调查与评估。同时，有序推进集中式风电、分布式光伏和海上风电建设，促进港口能源结构调整，建立海上风能、光能、潮汐能、波浪能、海流能等多种可再生能源高效互补的综合海洋能源系统，基本满足沿海城市以及边远海岛的能源需求，实现节能减排以及与自然的和谐发展。另外，对于极地科考，位于南极内陆夏季科学考察站，冬季无人值守科研自动观测站——"泰山站"先进的风、光、燃、储互补型新能源微电网系统已建设完成[153]。经运行测试，所研制的光伏发电分系统和风力发电分系统在泰山站极昼期间和存在大风时的实际最大发电功率均超过最大标称功率，能够为将来提升海洋及极地地区多能互补微电网系统的技术水平提供充足数据和应用参考，为后续我国在极地推广使用可再生能源、环保利用南极资源具有重要价值。

2.2.2 海洋信息网

1. 海洋信息智能感知系统日趋完善

我国的海洋观测监测系统逐步趋于完善，海洋卫星观测系统已成功设计，在海基探测、声学探测等一系列关键技术和设备取得重要突破。

天基探测方面，目前我国已成功发射多颗高分系列和海洋系列卫星，规划设计了水色、动力、监视监测三大系列的海洋卫星观测系统，截至 2019 年 6 月，我国已发射 3 个系列共 7 颗海洋卫星，其中 5 颗正常在轨运行。在"十四五"期间，按照民用空间基础设施中长期发展规划，还将发射 10 颗海洋观测卫星[67]。在轨卫星的综合指标达到国际领先水平，在国内外海洋动力环境信息获取方面发挥了重要作用。通过新一代海洋水色卫星、第一代海洋动力卫星、海洋盐度探测卫星和中法海洋卫星 4 颗科研星的研制，我国天基海洋遥感技术正逐渐接近国际先进水平。我国的高分专项遥感卫星也在逐步缩小与其他发达国家的差距；从成像方式的角度，主要分为光学遥感成像和合成孔径雷达遥感成像，我国的高分三号 C 频段多极化合成孔径雷达成像卫星分辨率达到了国际主流的 SAR 卫星分辨率水平。

海基探测方面，自主研制的 4000m 深海自持式剖面浮标海试成功，海水碳酸盐体系原位监测、新参数的监测等海洋环境监测传感技术取得显著进步，海床基观测系统等深海高新探测技术取得突破。声学探测方面，全水深声学观测潜标在马里亚纳海沟"挑战者深渊"实验成功，实现了海沟声学特性的全水深观测，为揭示世界最深海域声传播规律奠定了基础，在观测规模、观测手段以及观测数据的反演上都处于国际较高水平。此外，我国在激光雷达、高频地波雷达、合成孔径雷达、水下机器人、拖曳探测、潜标、锚系/漂流浮标、海床基等一批关键技术和设备取得显著成绩，无人艇、无人机、波浪滑翔器等新型装备已付诸应用[67]；"一带一路"空间信息走廊和"海底长期科学观测系统"分别从太空和海底两个空间维度增强我国海洋信息获取能力。

2. 海洋信息传输组网初步实现全覆盖

在通信技术方面，我国广泛应用的海洋通信系统主要包括海上无线短波通信、海洋卫星通信和岸基移动通信系统等[67]，初步构成一个基本实现海洋全覆盖的通信网络。

天基通信组网方面，研制的"天象"试验1星、2星成功入轨，具有传输组网、星间测量、导航增强、对地遥感等功能，通过搭载基于SDN(软件定义网络)的天基路由器，实现了基于低轨星间链路的组网传输，并构建了基于软件重构功能的开放式验证平台。2020年北斗卫星导航系统完成全球组网，可为全球用户提供短报文通信服务[73]。

海面通信组网方面，由于没有专门用于保障海洋通信的通信网络，目前还主要依靠近岸移动通信网络、短波/超短波电台等技术进行，未能形成完整的海洋通信保障服务体系[154]。目前，近海范围和江河湖泊上的移动通信网络已较为成熟。从广西北海开始一直到大连海域，沿岸建设了3G/4G无线移动网络，基本已建成近海50km左右的覆盖网络[154]。已建成的近海移动通信网络主要以第 3、4 代移动通信为主，可满足基本话音和数据业务通信需求。国内部分大学开展了大量蒸发波导通信实验，利用小型化的通信系统，可实现数十公里浮标对船(岸)Mbps 量级的高速数据传输。

水下通信组网方面，我国自主研发高速率远距离水声通信机取得突破。自主研发的全平台适配水声通信机[155]在样机验收鉴定中成功实现了高速率数据传输，传输成功率达到 90%。此外，通过国家科技计划支持，利用小型化、低功耗的声通信节点，实现了 4~7 节点的组网以及实时端对端传输图像、语音以及传感器数据；此外，国内科研团队还顺利完成了"远程、矢量、全双工水声通信技术"研究，该技术可以让水下信息传输告别对讲机时代，实现实时收发；在深海环境远距离声传输中在表面波模式、汇聚区模式和海底反射模式三方面进展显著，为我国开展深海远程探测、定位和通信以及声呐装备研制提供重要依据。另外，我国在深海垂直水声通信研究方面成果突出。7000m 级"蛟龙"号、4500m 级"深海勇士"号和万米级"奋斗者"号系列载人潜水器的水声通信系统研制成功；研究团队提出了一种面向深海垂直水声通信的新型迭代接收机[156]，在信道多普勒补偿、信道均衡以及纠错码设计方面取得较大进展。对"蛟龙"号的海试数据处理结果显示，所提多普勒补偿方法明显优于传统多普勒补偿方法，补偿后信道可接近时不变，进而使接收机不再需要锁相环结构；较于已有深海水声通信接收方案，所提迭代接收机在相同信噪比条件下，误帧率性能提高程度超过两个数量级。

应急通信方面，有关部门已经开展了无人机升空应急通信的尝试，但没有形成常态化业务发展。水下通信与导航方面，已经取得了一定的技术与装备突破并开展了相应的建设，但未形成产业化推广。总的来说，面向全球业务发展，建设立体覆盖的海洋综合通信网络，已是我国海洋通信发展的趋势所在[67]。

3. 海洋信息处理与人工智能应用大力开展

在信息处理及应用技术方面，我国做出有益探索。依托大数据和云计算技术，相关高校院所对标国际合作计划OneGeology 启动了"深时数字地球国际大科学计划"，拟基于"机器刻度可理解"理念实现海洋地质数据化和信息化。基于大数据技术，在海洋三维温盐流、台风路径和赤潮等预测方面已取得一定成果；AIS 航运数据的挖掘，辅助了海洋经济运行指标监控的定量化和精准化；基于超级计算的海上综合信息应用服务系统正在建设；基于 Hadoop、Spark 等框架的海洋大数据平台已见雏形[73]。

机器学习在水声被动定位、目标识别等领域的研究备受关注。研究团队提出了一类可行的基于机器学习算法的水下声源定位方法[157]，系统性研究了前馈神经网络、支持向量机和随机森林三种机器学习模型的声源定位性能，并首次通过海试实测实验数据验证了机器学习算法的定位性能；此后，又利用多层残差卷积神经网络和单水听器对环境未知情况下的声源进行定位[157]。多所科研单位开展了基于深度学习的水声目标识别理论和方法的研究工作[158]，将深度自编码网络、深度置信网络等机器学习方法应用于水声目标识别,实验结果表明深度网络的识别性能明显好于概率神经网络和支持向量机(Support Vector Machine, SVM)[158]。通过研究大脑听觉系统的信息处理神经机制(如时域信号分解机制、可塑性机制等),提出了受脑听觉启发的深度神经网络,并用实测数据进行实验验证;对于小样本识别问题,将迁移学习技术融入受脑听觉启发的深度网络,进一步提升了网络在小样本识别任务中的性能[158]。

2.2.3 海洋物联网

在观测装备方面,我国取得较为系统的进展,新技术研究处于国际前沿,探测平台装备已接近国际先进水平。

在天基平台方面,2021年5月,我国海洋二号D卫星发射成功,并与海洋二号B星和海洋二号C星组网,建成了我国首个海洋动力环境监测网,全球海洋监测的覆盖能力达80%以上,海洋监测的效率和精度大幅提升[159]。2021年11月,我国成功发射一颗C波段全极化合成孔径雷达卫星,为海洋观测、水利应用、灾害监测、环境监测等领域提供更强的信息支撑[160]。目前,我国海洋卫星已建成以海洋水色卫星、海洋动力环境卫星和海洋监视监测卫星为代表的海洋遥感卫星系列,为我国海洋环境保护、海洋资源开发、海域使用管理、海洋权益维护和极地大洋管理提供了技术支撑。

在空基平台方面,随着传感器、通信等技术的不断发展,我国有人机/无人机平台装备不断升级。2021年11月,翼龙-10无人机搭载多种气象探测载荷,与天基、海基、岸基气象观测仪器一起,对海洋上空云系、温湿廓线分布以及海面风场等气象要素进行了协同观测,该任务是继2020年翼龙-10执行我国无人机台风探测试验任务后的又一次技术突破。2020年8月,进行了高空大型无人机台风综合观测试验,取得了基于高空大型无人机海洋综合观测的重大突破。此外,我国还完成了小型系留无人机海上应用,船载系留无人机系统可正常悬停、伴随飞行并自动起降,实现了长期演进(Long Term Evolution, LTE)组网和船舶自动识别系统(Automatic Identification System, AIS)通信。

在海基平台方面,我国无人艇相关研究虽起步较晚,但发展迅速,国内众多单位已研制生产了适用于多种场景的不同型号的无人艇;另外,自主研制的4000m级自持式剖面漂流浮标海试成功。在水下平台方面,成功研制了分布式大深度水声信号记录系统[161]:采用高精度时钟授时与守时技术,保证不同记录单元信号采集的同步,同时可对自容式水听器灵活组阵;另外通过低功耗技术使自容式水听器工作时间大大提高,从而使我国具备大跨度、大深度、长时间水声信号的高可靠采集能力,能够有效拾取世界大洋任意深度上的声信号。该系统曾用于马里亚纳海沟10000m深度上声学信号的可靠采集,且在南海记录了海洋环境噪声信号超过1年[162]。同时,该系统还集成了温深传感器,可长期同步采集声学信号与海洋水温环境,目前已用于水下无人航行器和水下滑翔机等无人平台水声信号的采集。在此基础上发展的深海声学接收潜标已被国内多家水声研究单位采购和应用,曾在深海调查中采集到了长时间的海洋环境噪声数据和上万公里的深海远程声传播信号，对我国海深声学的基础研究与应用起着极大的推动作用。成功研制的深海自主式声学发射潜标，满足了深海水声信号发射及信息传输的需求，成功实现的高电声效率的大功率发射技术和大深度低频发射换能器技术，适用场景包括水下远程声信息传输，或与分布式大深度水声信号记录系统结合以对内波和涡旋等中尺度现象下的声场起伏进行测量[163]。所研发的"悟空号"全海深 AUV，于 2021 年 10 月在马里亚纳海沟"挑战者深渊"完成万米挑战，多次刷新下潜深度纪录，并顺利完成海试验收[164]。在与母船直线距离超过 15km 的深海中，装有高速水声通信系统的"悟空号"AUV 在万米海底畅游期间，仍可将状态信息准确传输到母船，数据包接收正确率超过 93%[164]。

在机动组网观测方面，2017 年在南海布设了 30 台/套的海洋观测装备，包括波浪滑翔器、水下滑翔机、剖面漂流浮标、潜标及 AUV 等，开展了协同组网观测，成功记录到台风时的海洋温度、盐度和流速等信息[73]。2019 年继续在南海实施了大规模的无人系统组网观测，在网设备最高可达 45 台/套，运行时间 221 天[73]。目前，以集群平台的设计研究为主，突破了多无人机动设备协同导航以及多无人机动设备协同编队控制技术，完成了大规模、多类型无人机动设备组网海上试验，使我国海洋机动设备组网技术从理论仿真研究进入成规模试验乃至应用示范阶段。

在海洋观测系统方面，我国已初步形成涵盖岸基、离岸、大洋和极地海洋观测系统的基本框架[73]。目前已建成的网络系统主要有国家海底科学观测网、我国的"全球海洋立体观测网"、中国南海海底观测网、从东海至南海北部海洋上空温室气体监测网等海洋信息系统项目(表 2.1)。其中，国家海底科学观测网是我国海洋领域第一个国家重大科技基础设施，对实现我国"海洋强国战略"、进军"智慧海洋"具有重要意义。"全球海洋立体观测网"在"十三五"规划中被纳入"海洋重大工程"，整合先进的海洋观测技术及手段，以实现多要素、高密度、全天候、全自动的全球海洋立体观测，可采集海洋空间、环境、生态、资源等各类数据。在我国近岸近海建设了业务化运行的海洋站(点)网，海上平台观测系统，雷达、浮标、志愿船观测系统，海啸预警观测系统，海洋断面调查和应急机动观测系统，以及海域、海岛、海洋灾害和海洋生态环境视频监控系统和无人机观测系统[73]。

表 2.1 国内主要海洋环境观测信息系统项目[165]

序号	项目名称	实施时间
1	国家海底科学观测网	2017～2022 年
2	全球海洋立体观测网	"十三五"时期
3	海洋上空温室气体监测网	2017 年 1 月建成
4	中国南海海底观测网系统	2013 年建成
5	中国东海浅海海底观测网系统	2011 年建成

当前，我国海洋物联网正不断转型，逐步朝向观测节点小型化、通信技术多样化和计算智能化的新型海洋物联网方向发展[70]。某高校以舟山群岛海域为典型，提出了一种新型海洋物联网架构，并研发了一系列的海洋物联网关键设备，包括小型化水声通信机、小型化海底仪器接口模

块（Subsea Instrument Interface Module，SIIM）和窄带物联网微型浮球，以及适用于有缆观测的坐底式观测平台和适用于无缆观测的便携式水声释放平台[70]。舟山群岛海洋物联网的架构[70]如图 2.3 所示，整体网络根据层次和通信方式可分为水面无线观测网络、水下声学观测网络和海底有缆观测网络。这一架构将无线电通信技术、水声和有缆观测相结合，对水面、水下及海底进行多层次立体化观测。同时，小型化设计的海洋物联网终端，不仅可保证观测节点性能和续航时间，还使得节点成本降低、网络可伸缩性增强并易于部署和维护。

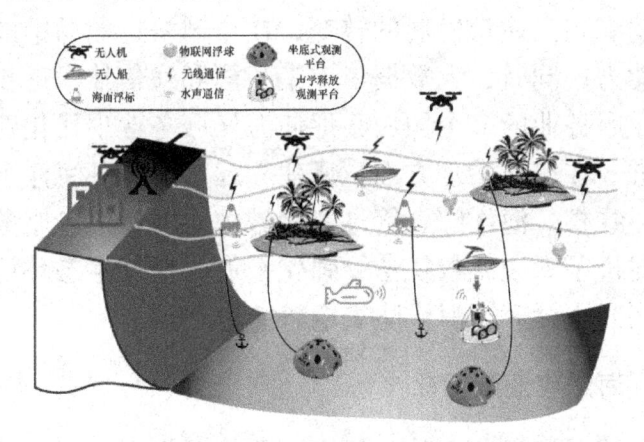

图 2.3　舟山群岛海洋物联网架构[70]

2.3　行业应用

海洋的信息化建设必然带来我国海洋产业的现代化。在海洋农业方面，在以生态优先为原则、以可持续发展为前提之下，海洋牧场建设初见成效，实现了从理念构想到初具规模，从以渔业生产为目标的传统海洋牧场到重视环境保护、生态修复和资源养护的现代化海洋牧场，并开始将海洋牧场、海上风电与深海智慧渔业相融合，探索出新的发展模式。在海洋工业方面，随着国家战略的推进，数字化转型催生企业发展新业态新模式，无论是业务管理、服务运作，还是油气生产，均实现了智能化和数字化的跨越；随着海洋能源技术及深海探测和深钻技术的发展，并有新一代信息技术的加持，我国的海洋能源产业水平大幅提升，矿产资源的调查研究取得重大突破，油气生产降本增效显著。在海洋服务业方面，我国的海洋运输正经历从高速发展到高质量发展的转变，在全球海运贸易中成为主要推动力；同时，大数据、人工智能和通信技术逐步渗透到海洋服务业的多个领域，促使海洋服务业现代化建设稳步推进。在海洋治理方面，所建立起来的各种海洋观测网为海洋维权、海洋综合管理等领域提供海洋信息服务，极大地促进了海上维权执法，强化了海洋良好生态环境的保障，同时也提升了海洋防灾应急能力。

2.3.1　海洋农业现代化

我国对海洋牧场的建设理念和体系做了积极有效的探索，可为国际化海洋牧场建设提供经验。针对近海渔业资源严重衰退、局部环境恶化、渔业产业亟待转型升级等关键问题，坚持创新"生态、精准、智能、融合"的发展理念和"生态优先、陆海统筹、三产贯通、四化同步"[166]的建设原则，以海草(藻)床、珊瑚礁修复和生态礁体建设为基础，突破南北方典型海域生境营造和优化新技术，实现了海洋牧场生境从局部修复到系统构建的跨越；以优化生态系统结构与功能为重点，突破了以承载力评估为基础的关键物种扩繁和资源修复技术，实现了生物资源从生产型修复到生态型修复的跨越[167]；以提升安全保障能力为目标，突破了海洋牧场环境监测、评价和预警预报技术，实现了资源环境从单一监测评价到综合预警预报的跨越。系统开展了海洋牧场原理认知、设施研发、技术创新、模式构建、监测评价、预警预报和集成应用[168]，构建了海湾型海洋牧场和岛礁型海洋牧场，制定了国家、行业、地方海洋牧场建设技术标准体系，构建了"科研院所+企业+合作社+渔户"相结合的组织管理模式[169]，实现了海洋牧场企业发展与渔民收入同步提升、海域生态与产出效益同步改善，引领支撑了国家级海洋牧场示范区建设，为国际现代化海洋牧场建设提供了中国样板(图 2.4)。已有的海洋牧场构建了"互联网+生态牧场"生产体系，生物资源量实现倍增，渔业水域环境有效修复，海产品品质得到保障。近年来，我国在海洋牧场、深远海智慧渔业、海上风电等领域成绩斐然；作为海洋经济的重要组成部分，海洋牧场与海上风电、波浪能等清洁能源在改善国民膳食结构、保护近海生态环境和促进能源结构调整、推动供给侧结构性改革和新旧动能转换等方面具有重要意义[169]。将海洋牧场、深海智慧渔业与波浪能发电、海上风电、休闲旅游等相结合，探索出"渔能融合""渔旅融合"等发展新途径，实现清洁能源、休闲旅游、安全水产品等同步高效产出及海洋科研、产业空间的同步拓展[169]。

图 2.4 海洋牧场示意图[169]

我国的海洋牧场信息化建设空间十分广阔，深远海养殖技术呈现跃进式发展。有学者对智慧海洋牧场的概念、特征等进行了阐述[170]；同时设计了海洋牧场多参数智能监控系统，对利用物联网实时监测海洋牧场水质做了相关探索[171]。例如，基于 5G 和物联网的网箱生物环境在线监测系统在海南陵水成功部署，通过采集深海养殖场的水温、盐度、溶解氧等环境数据和实时视频监控数据，对网箱内的海洋环境和鱼类行为异常进行有效预警，而养殖场水下情况则可通过手机 App 进行实时监控[108]。同时，还建立了三维可视化鱼群追踪技术实时动态三维显示并对鱼群的位置进行预测或跟踪，掌握鱼群的运动方向，从而提高下网的准确率，防止鱼群逃逸，提高捕捞效率。自"十三五"以来，我国深远海网箱在新兴技术的加持下进入了快速发展期，海洋养殖呈现出自动化、智能化、无人化的显著特征。2018 年 5 月，"深蓝 1 号"全潜式深海渔场在山东青岛建成交付，该网箱可依据水温控制渔场升降，可使鱼群生活在适宜的温度层。2019 年 5 月，通过美国船级社检验和渔业船舶检验局检验的深远海智能化坐底式网箱"长鲸一号"在山东烟台下水，集成了网衣自动提升、自动投饵、水下监测等自动化装备，日常仅需 4 名工人即可完成全部操作，成为当时国内智能化程度最高的深远海网箱。2019年 6 月，"哨兵号"无人智能可升降试验养殖平台正式启用，配备有自动投喂系统、增氧系统和灯照系统等[172]。2019年底，海南省基于 5G 网络技术的网箱生物环境在线监测系统在陵水黎族自治县新村镇深海养殖场成功部署并投入运营，标志着深海养殖向 5G 时代迈进。2020 年 1 月，"蓝鑫号"深远海智能大型养殖网箱在威海投放使用，其拥有远程投喂、网衣清洗、智能起捕、环境监控、死鱼收集、渔业互联等多项机械化与智能化系统[172]。2021 年 7 月，量产型深海智能网箱"经海 001 号"在山东交付，具备自动投喂、水下监测、水下洗网等功能，实现了网箱平台养殖的自动化、智能化[173]。

2.3.2 海洋工业现代化

顺应推动数字经济与实体经济深度融合的国家重要战略，数字化转型催生企业发展新业态新模式。数字油田建设早在 2008 年便已经启动，智能生产(狭义智能油田)试点于 2014 年开展，广义智能油田建设和各专业智能化顶层设计于 2016 年开始，而 2020 年则正式发布了《智能油田顶层设计纲要》[114]。某能源公司提出，要积极顺应全球能源行业发展新趋势，加快推动公司发展转型，实现从传统管理模式向现代化、数字化、智能化跨越；要高度重视数字化技术对降本增效的作用，加快推进智能油田和工业互联网建设、深化"互联网+"模式创新，推动公司提质增效再上新台阶。2021年4月，我国海上智能气田群——东方气田群全面建成，由10座海上生产平台、1座陆地处理终端和数条海底油气管线组成，可远程遥控气田生产，实现"一键配气"。2021年10月，我国首个大型海上智能油田项目——秦皇岛32-6智能油田全面建成投用[114]。项目应用云计算、大数据、人工智能、5G等技术为传统油田赋能，实现流程再造，在渤海湾打造成一个现代化、数字化、智能化的新型油田，为中国海油智能油田全面建设贡献示范价值。同时，云边协同技术对于业务管理和服务运作等方面相比传统的运作模式优势突出。在渤海智能油田建设项目中部署了云智能边缘计算平台(Intelligent Edge Fabric, IEF)，通过云边协同技术，简化了用于平台安全、设备、注采、生产等业务管理相关应用服务和模型算法的发布和监控以及容器资源的管理和调度，在提高平台现场业务应用响应及时性的同时，改善了系统运维效率，实现了服务、数据、网络、应用协同的全生命周期管理。而且，云边协同对海上各个平台和中心云进行统一的连接和管理，在陆地上就可以获取足够量的数据参数并完成绝大多数的作业任务，从而具有降本增效、保障安全生产和兼容异构计算等优势。

在海洋能源方面，我国产业技术水平显著提升。风电全产业链基本实现国产化，产业集中度不断提高，多家企业跻身全球前10名；风电设备的技术水平和可靠性不断提高，基本达到世界先进水平，满足国内市场需求，并出口到28个国家和地区[174]。2021年，中国海洋天然气产量同比增长5.4%，约占全国天然气产量增量的6.7%。随着海上大型深水自营气田陵水17-2的投产，海上不同水深油气产量结构将发生改变，已经开始向深水、超深水迈进。《中国海洋能源发展报告2021》认为，2022年中国海洋油气勘探开发投资将继续保持增长态势，预计2022年中国海洋石油产量将同比上涨5.4%，占全国石油增量的80%[175]；天然气产量将同比上涨6.7%，占全国天然气增量的12%左右。

在矿藏资源勘探方面，我国在天然气水合物的调查研究已取得重大进展与突破。我国经历了研究预查阶段(1985～2001年)、调查突破阶段(2002～2010年)，在勘查试开采的第三阶段(2011～2020年)中不断取得突破性成果。2011年在祁连山运用降压法和加热法从地下天然气水合物中成功分解出天然气；2013年在珠江口东部钻获高纯度天然气水合物样品，并推测调查区水合物资源量巨大，相当于一特大型常规天然气田；2015年在神狐海域再次钻探，证实超千亿方级天然气水合物矿藏；2016年确定了神狐海域的水合物钻采目标；2017年在神狐海域首次进行天然气水合物试采，成功从水深近1300m、海底以下200多米的天然气水合物矿藏开采出天然气[111]；2020年，借助先进材料、海上钻井平台和大规模数值模拟技术，在神狐海域可燃冰第二轮试采取得突破性成果，实现了从探索性试采向试验性试采的重大跨越。

2.3.3 海洋服务业现代化

赋予港口数字大脑，打造我国港口科技高地。港口的智慧化、绿色化、国际化建设是实现交通强国和港口强国战略的切入点,更是助力海洋命运共同体构建的重要支点[176]。伴随区块链、边缘计算、通信技术的发展,我国沿海省份的智慧港口建设迎来了新的机遇。2018年1月,港区作业无人集卡在珠海港智慧港口完美亮相,表明中国企业凭借人工智能技术在港口行业历史上实现了重大突破,开启了港口行业创新发展的新征程。2019年,山东日照港以"区块链+港口"新模式打破了数据壁垒,通过减少物流中间环节,使得港航物流金融业务整体运营效率进一步提升,实现了供应链金融体系的信用穿透,解决了融资业务中全程"控单、控货、控资金、控风险"的核心问题[177]。2019年8月,广东广州"粤港澳大湾区南沙智慧港口区块链平台"成功上线,为集装箱班轮企业及相关用户提供准确、便利、可视化、可追溯的数据检阅及单证存证管理平台,加快港口无纸化进程[178]。2020年,上海上港集团建成拥有完全自主知识产权的洋山四期全自动化集装箱码头[179],利用平台化、无纸化、区块链赋能集疏运体系优化,全港业务网上受理比例提升至98.4%,具备预约进港、计划改配、在线审核、收费查询等功能,在码头、堆场、船代、货代、船公司、集卡司机之间实现了系统互联、数据互通、信息共享[179]。2021年7月,上海正式上线"无纸化放货"应用产品,简化了数据交换方式,节约了彼此之间的操作时间,大大缩短了进口货物办理完成单证手续时间。2021年10月,"智慧零碳"码头——天津港北疆港区C段智能化集装箱码头,成为以全新模式引领世界港口智能化升级和低碳发展的中国范例[180]。该码头以"智能水平运输管理系统"连接智能闸口、智能水平运输机器人、智能加解锁站、自动化场桥、自动化岸桥全作业链，率先实现了水平布局自动化集装箱码头的全流程自动化作业[180]。2021年11月，深圳妈湾智慧港正式开港，该工程集成招商芯、招商"ePort"、人工智能、5G应用、北斗系统、自动化、智慧口岸、区块链、绿色低碳共九大智慧元素，具备高速率、高带宽、低延迟、高精准定位等设施功能，实现无纸、无人、无感、高效、低成本的智慧口岸服务[176]。2021年12月，浙江舟山港集装箱吞吐量突破3000万标箱，其中的梅山港区实现了"装卸设备远控+智能集卡"自动化作业，同时还实现了智能集卡和人工集卡规模化有序混编作业[181]。

我国海洋运输业正在经历从高速发展到高质量发展的转变，海洋运输服务贸易国际竞争力持续增强。2021年全国港口货物吞吐量总计155.45亿吨，集装箱吞吐量2.83亿标箱；相比2020年的145.50亿吨和2.64亿标箱，分别增长了6.8%和7.0%。2021年货物吞吐量中，外贸货物吞吐量为46.97亿吨，相比2020年的44.96亿吨增长了4.5%[182]。2021年，全国共有45个港口货物吞吐量突破亿吨，比上年增加3个，分别是盐城港、宜昌港和扬州港(后两者为内河港口)。目前，中国的港口货物吞吐量和集装箱吞吐量均居世界第一，有3个港口的吞吐量位居世界前五[183]。随着中国经济影响力的不断提升，世界航运中心逐渐由西方转移至东方，中国海运业成了世界海运竞争的先锋。2021年中韩两国在集装箱船建造市场展开激烈角逐，中国造船企业凭借自身优势，成为全球集装箱船建造市场最大赢家。据中国国际船舶海工网最新统计，2021年全球新签订单中以修正总吨计中国、韩国、日本三国的接单占比分别为49%、38%、9%。以共建"一带一路"为合作平台，中国与66个国家和地区签署70个双边和区域海运协定，海运服务覆盖沿线所有沿海国家；与26个国家(地区)签署单边或者双边承认船员证书协议，与新加坡签署电子证书谅解备忘录，便利船舶通关，引领和推进电子证书在全球航运业的应用进程[184]。可以预测，中国在未来较长一段时间内仍将是全球海运贸易的主要推动力。

由辅助自动驾驶到无人自主航行，我国无人驾驶技术正迎难而上。无人驾驶技术在国外已发展成熟，而在我国还处于初级发展阶段[185]，但伴随着高新技术的发展，我国无人驾驶技术也逐渐实现无人自主航行。2017年12月，我国智能散货船"大智"号正式交付；该船利用传感器、物联网、机器学习等技术手段，借助双冗余千兆光纤骨干环网为智能系统高速传送数据，实现全船各系统及设备的信息融合与共享，为船舶操作和管理提供基于数据分析的辅助决策[125]。2018年11月，40万吨智能超大型矿砂船(VLOC)"明远"正式交付；该船具有辅助自动驾驶、设备运维、能效管理、矿物液化检测、船岸一体通信五大智能板块，利用统一的网络平台和数据平台完成全船数据信息的采集、处理和分析，从而为船舶航行、运营、维修提供决策支持，并为船舶设计建造和持续改进提供信息反馈[125]。2019年8月，30.8万吨智能超大型油船"新海辽"号正式交付，"新海辽"号通过构建服务智能系统的网络信息平台，可实现船舶航行辅助自动驾驶、设备运行维护、综合能效管理、智能液货管理、船岸一体通信五大智能功能[186]。2021年9月，我国自主航行的300TEU集装箱商船"智飞"号在青岛女岛海区顺利开展海上测试，主要进行自主避碰、自主循迹航行、远程遥控驾驶及航速、稳性、抛锚和回转性等功能性的航行试验，标志着我国开始向无人驾驶时代迈进[187]。

2.3.4 海洋治理现代化

海洋维权执法取得重大突破。目前我国已建成了由海洋卫星、飞机、国家海洋中心站、海洋站、调查船、浮标等组成的海上观测网。多部委、科研院所也尝试开展了一系列联合建设，初步建立了涵盖岸基海洋观测、水下观测、离岸海洋观测以及大洋和极地观测的海洋基本框架，围绕海洋维权执法、海岛(礁)测绘、涉海电子政务等领域需求开展海洋信息应用服务。各传统涉海单位也结合自身业务开展了一批网络建设，海洋观探测手段与范围不断拓展，开始提供一些海洋综合管理等领域基本服务。

海洋防灾应急、环境保护等持续发力。2021年，海洋防灾应急及环境保护均有所突破，结合通信、大数据、云计算等现代化手段大大提升了整体工作效率及精确度，保障海洋生态环境，减少环境污染。在防灾应急方面，"智慧海洋"应急通信试验网络建设项目围绕海上突发事件应急通信保障需求，通过试验网络集成，构建"天空岸海潜"一体化网络体系架构，形成了"一中心、两基地"(即一个应急指挥调度中心、两个应急调度指挥基地)的智慧海洋应急通信试验网络建设布局。在环境保护方面，某省市引入智慧海洋环境监管系统，依靠先进技术，通过信息化、网络化手段对有关信息广泛收集、传输和分析，提高生态环境保护的决策水平，最终实现网络查询、信息资源共享化、管理决策智能化的目标[188]；相关部门利用智慧海洋环境监测系统，通过人工研判与行为分析模型结合的方式，成功查获海上倾废船只，有效打击了海上违法行为。

2.4 挑战与问题

2.4.1 体系建设方面

1. 体系支撑能力薄弱

全球71%的面积是海洋，而海洋属于低密度用户区域，大多数海域没有高海拔岛礁，亦无架设通信基站的高塔，且缺少骨干网传输所需的光电缆设施，暂时不具备建设宏蜂窝网络的条件。尽管采用卫星通信技术能够实现广域覆盖，但由于空间卫星网络建设滞后，尚无能够支撑全球海域覆盖的星座系统，且缺少针对不同海上应用的灵巧型卫星信号收发终端，加之通信成本昂贵，难以在船只上普及应用。海洋网络信息体系所需的海洋信息组网节点、水下实时传输网络、海底光电缆传输网络、全球广域卫星网络等尚未成熟，无法支撑真正的海洋网络信息体系。随着时间的推进、空间的扩大、种类的增加，海洋数据将呈指数的增长，但大量数据对同一信息存在着重复描述的现象。而现有信息系统对海洋数据处理存在着融合程度低、计算效率低、精准层次低等问题，数据价值得不到充分发挥，也给网络带宽、存储容量带来巨大负担。

2. 关键技术及产业发展滞后

我国海洋信息技术仍以跟踪模仿国外先进技术为主，自研装备普遍存在精度低、稳定性及可靠性差等短板，对面向组网应用的集数据采集、处理、存储、传输等功能为一体的智能传感器尚处于初级研发阶段。中远海及深海数据实时传输水平不高，存在敏感信息不敢传、海量数据传不完、跨域数据穿不透等问题，通信链路尚未做到自主可控[73]。大数据、云计算、人工智能等新技术在海洋领域的应用大多处于研究探索阶段，相关算法缺乏自主创新。大部分海洋科技成果仍处于研发或试验阶段，科技成果转化、应用缓慢，科技成果向现实生产力的转化程度较低。

整体上，我国的海洋网络信息化建设进程仍处于起步阶段。虽然这些项目已经初步具备了为国家海洋经济发展、海洋综合管理等领域提供基本服务的能力，但我国在海洋信息技术方面仍存在不足，在中远海管辖海域观测监测网络建设及应用方面严重不足。

2.4.2 "三网"方面

1. 海洋能源网

大力发展海洋能，对于促进我国经济结构转化、实现可持续发展具有重要的推动作用。我国海洋能源技术的发展相对起步较晚，存在着基础较为薄弱、发展不均衡等问题，尚不具备大规模商业化运作的条件。主要存在的问题概况为：海洋能核心技术装备的自主研发能力不足，难以有效支撑海洋"新基建"设施建设；海洋能源网络未正式建立，有效能源获取方式单一、能源供给共享不足；近海能源网络节点(风电为主)已初具规模,深远海尚无能源供给网点;海洋能相关标准不统一、共享机制不畅,"能源孤岛"现象严重;海洋能源供给能力(动态式)难以满足海洋综合管理、涉海事务、经济发展等方面的需要。

能源发电方面,我国在发电关键技术及能量转化效率上接近国际先进水平,但在装机功率规模上相对偏小,在装备的可靠性上仍存在一定差距[13]。与海洋能技术相关的装备制造业(不包括风电)也尚未形成,除小型海洋能发电装置(用于海岛灯塔、航道灯标、浮标等),基本没有批量生产的海洋能发电装置。目前,潮汐能发电技术基本成熟,已在沿海地区建成了多个潮汐电站,温差能和盐差能发电技术还处于实验验证阶段。

能源传输与转换方面,直流恒压等电能传输变换技术通过了浅海验证,但技术应用尚未成熟;而在恒流和交流恒压的电能传输与变换技术上,尤其是在深远海方面,国内基本上还处于空白[189]。近年来,业界开始关注无线电能传输技术(Wireless Power Transfer, WPT),因其打破了传统有线电能传输的固有格局,摆脱了冗杂电线的束缚,使得供电电源和充电设备完全隔离、供电电路和充电电路独立封装,较好地解决了有线电能传输存在的电线裸露、易产生接触火花、可移动性差等问题,在某些特殊环境和条件下具有独特优势[190]。目前海上设备间(水面或水下)的无线传输技术研究还处于初步阶段,还有很多理论和实际问题需要突破和解决。

能源存储方面,海上能源存储方式与陆上相似,化学电池储能方式仍占主流,限于地理条件限制,传统物理储能方式如压缩空气储能、热储能等方式不适用于海洋能源的储存方式，新型的飞轮储能、超导储能等方式有待于在海洋装备、海岛等进行示范应用。新兴的电解制氢储能方式是未来海上能源存储与传输的主要发展趋势，通过将不稳定的风能、太阳能、潮汐能与氢能相结合，采用电解制氢的方式提高能量存储与利用效率，缓解工业制氢对煤炭、天然气等传统能源的依赖，是解决制氢成本高、海洋能不稳定的有效手段，对升级我国可再生能源应用格局具有重要意义。涉及反渗透海水淡化制氢、高性能压缩机、氢燃料电池等电解制氢的相应关键技术尚需进一步突破。

能源综合利用方面，在我国大力推进"双碳目标"的建设过程中，海洋能源的综合利用尤其近海、海岛用能等方面得到了长足的发展。海洋能作为可再生能源中的新兴产业，具有较长的产业链，在海洋装备制造、新材料、海洋工程等一批产业和技术创新等方面尚存在一定的差距。海洋能源行业仍面临诸多的挑战，涉及管网、供应链拓展以及恶劣海况下的运营和维护。潮汐能、海上风电等前期工程投入大，导致发电的成本高；波浪能、海上光伏、温差能、盐差能等在海上验证花费高、周期长、风险大。针对海洋物流、海上充电桩等未来的应用需求，作为产能、储能、输能及用能一体的"能源岛"模式尚未完全真正布局，涉及能源岛方面的基础研究、关键技术研发、海试、示范应用及商业化等不同阶段的支持政策有待出台。

2. 海洋信息网

根据图 2.5 所示的海洋信息参考模型，从信息过程/功能视角，分析梳理出四个问题：与信息感知相关的海洋信息匮乏问题、与信息共享相关的海洋信息"孤岛"问题、与信息处理相关的海洋信息偏颇问题、与信息应用相关的海洋信息"过载"问题。

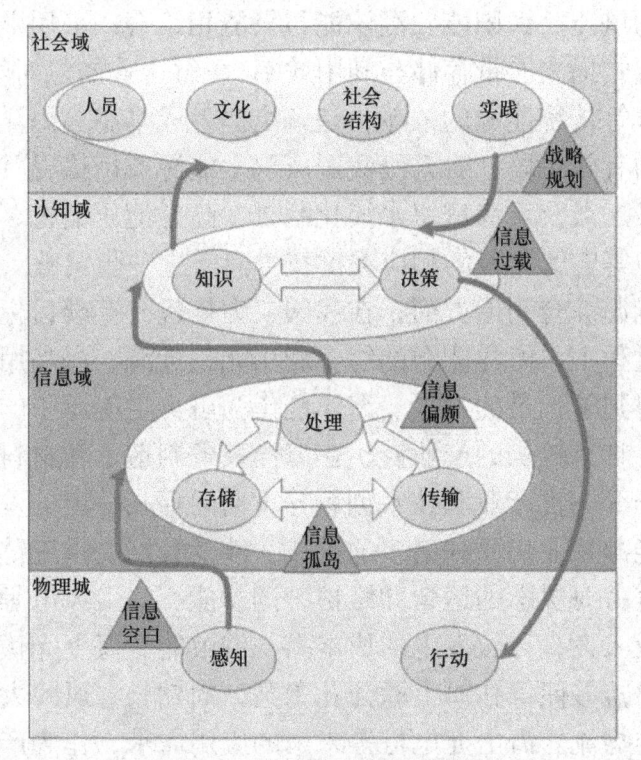

图 2.5　海洋信息参考模型

1) 海洋信息匮乏

海洋信息的匮乏与海洋蕴含的丰富资源形成了鲜明的对比。从海洋物理空间分层(海底、海中、海面、海上)来看，海底矿产资源和海洋生物资源的分布、海洋水文气候和海洋地理信息的粒度和跨度、海洋生态环境的现状和演变等等，都需要更加全面详尽的数据。从获取海洋信息的物理手段(岸海空天潜)和方法(时空频)来看，用于海洋调查的卫星、飞机、岸站、船舶、水下机器人等天、空、岸、海、潜基海洋观测装备存在严重缺口。从海洋信息的共享程度(存储和传递)来看，诸多格式各异的海洋信息还只能供特定用户管理。另外，来之不易的海洋信息应用不足，海洋知识普及和科学管理决策尚需提高。以水声信息为例，目前国内外针对存在海山和岛礁等复杂海洋环境和非均匀分布航船噪声源的海洋环境噪声模型及应用甚少。

2) 海洋信息孤岛

随着卫星通信、移动通信及有缆通信技术的发展，天基、空基、岸基及海基观探测装备已基本具备数据实时传输能力，但潜基装备的实时传输能力仍有待提升。目前，海底光缆敷设、接入和维护难度大、成本高，水下光通信距离较短，水声通信速率又相当有限。另外，还有岸潜之间的长波通信、天潜之间的蓝绿激光通信等解决方案，均试图将深远海的海洋信息节点连接成局域网，乃至直接接入广域网。这些联通海洋信息"孤岛"的解决方案，需要开展异构信道组网、跨介质信息高速传输、智能控制等关键技术研究，构建空天地海潜一体化的协同观测系统，将海洋信息接入全球/国家的信息网络，进而实现信息共享。

3) 海洋信息偏颇

在海洋信息获取环节还存在严重的海洋信息偏颇问题，即信息的不对称、不均衡。对同一个海洋资源(矿产、岛屿、洋流、海域、海产等)，因为信息获取手段的缺乏，不能得到全面的信息(如光学、声学、电磁、重力等)，给海洋信息融合带来了困难，可能导致海洋信息感知的偏差。由于海洋信息传输的共享程度不够，造成海洋信息应用时面临信息在时空、种类等方面的缺失和不连续问题，进而影响到认知和决策的准确性。另外，由于涉海单位众多，我国各种海洋观测装备及信息网络重复建设、各自物理隔绝、系统接口繁杂、融合程度低，这也是海洋网络信息体系建设面临的一大问题。海洋信息偏颇问题可以通过丰富信息获取手段、协同信息获取、强化统筹管理等予以解决。

4) 海洋信息过载

海洋信息是典型的"大数据"。随着经略海洋的不断深入，将产生海量、繁杂的信息数据，包括正确的、错误的、重复的、相似的等等，从应用的角度需要对初级数据进行清洗。清洗后的数据，对于人工识别处理也是一件"过载"的任务，需要引进大数据和人工智能技术辅助或代替人工进行信息处理，生成数据产品、辅助决策，这将促进大数据和人工智能技术的发展，并提供一个良好的环境和平台。

上述四个问题会随着海洋资源开发与利用及相关产业发展逐步显现并将长期存在。亟须制定海洋网络信息产业发展的国家规划，统筹、规范行业发展；制定相关标准与规范，推动海洋网络信息体系的标准化与规范化；推进产学研结合，发挥企业在成果转化过程中的主体作用；制定长期稳定的激励政策，扶持我国海洋网络信息产业的发展。

3. 海洋物联网

近年来，我国在海洋物联网技术平台方面取得了长足的发展，但与国外先进国家相比仍存在较大差距。

1) 深远海探测能力不够

我国目前在领海、远海/深海大洋和极地通信方面仍大量租用国际海事卫星，通信链路无法满足自主可控的需求[73]；有人机/无人机受海洋不确定因素影响严重，负载能力差，且无法长航时执行任务；在役舰艇设计航速整体偏低，任务适应性不足；舰艇海上配套体系不完善，维修保障、海上补给等配套船只少；载机少，直升机起降和舰面保障能力偏弱，远距离快速响应和投送能力不足；缺乏远距离对海、对空目标探测感知能力。

2) 平台装备谱系化程度不高

虽然我国在卫星、有人机/无人机平台、有人船/无人船、水下潜航器等单装单系统领域发展迅速，技术水平不断提高，但其谱系化还不够完善，尤其是在海洋物联网构建方面，相关复杂系统载荷平台装备及应用平台装备谱系化离应用需求还存在较大空间。

3) 平台装备智能化水平不足

随着人工智能技术的不断发展，我国空中、海面及水下有人/无人自主探测平台智能化程度虽然有所提高，但还不满足海洋环境尤其是深远海复杂环境中应用的需求。此外，智能化技术在海事舰船上应用不足，智能航行、智能船体、智能能效管理、智能货物管理和智能集成技术尚未成熟使用。

2.4.3 "四化"方面

我国的海洋网络信息建设还处于探索阶段，发展刚刚起步，在支撑海洋"四化"(即以海水养殖、网箱养殖和海水捕捞为主的海洋农业现代化，以海洋装备制造、海洋油气矿产等资源开发利用为主的海洋工业现代化，以海洋旅游、交通运输、海洋信息服务为主的海洋服务业现代化，以及以海上维权、海洋目标管控为主的海洋治理现代化)发展方面存在迫切需求。

1. 海洋农业现代化

近岸海水养殖主要趋向于海洋牧场模式，近年来受近海过度捕捞、养殖区海水污染、自然灾害以及养殖病害增多等问题影响，海洋牧场模式逐步兴起，海洋牧场建设对海洋网络信息新基建主要需求包括：养殖区海洋环境监测与数值预报、水下牧场可视化监控、自动化水下采捕、养殖区生态水质及病害监测、海上非法活动(盗采捕)监控预警、生境容量算法评估等。高端养殖(高附加值鱼类)主要以深海网箱和养殖工船模式为主，当前深远海"海工+牧场"、"风电+牧场"等模式成为当前产业发展趋势，迫切需要开展网箱区域(空间)网络化智能化监控、网箱升降及投饵装置的自动控制、网箱能源自持与无人值守、深远海养殖数据实时传输等。此外，捕捞装备不够成熟，严重依赖进口，缺乏自主研制，水下声、光学探测装备尚存在技术瓶颈。

2. 海洋工业现代化

我国海洋油气资源勘探开发持续向深水挺进，但深海资源勘探与地质调查能力不足，勘探数据不能实时处理回传，核心设备产品国产化率低、高端勘探设备主要依赖进口、海水淡化、海洋能开发等领域商业模式尚不成熟。当前信息化建设主要需求包括：深海油气和水合物高精度勘探、深海矿产的丰度调查、精细化海底地形地貌调查(测绘)、海底沉积/岩石的钻探取样、水下信息网络建设、深海水下高精度导航定位与通信、海上信息基础设施平台(海工高端装备)等。

3. 海洋服务业现代化

近年来国家和地方对海洋服务业发展高度重视，海洋航运、海岛休闲旅游、海洋科普等产业蓬勃兴起，海洋信息服务能力不断提升，催生了一些新业态、新模式，组建了一批海洋大数据中心、信息服务平台等，但现代服务业水平仍存在较大问题：

一是重点海域覆盖率不足。当前存在重要海峡、航道覆盖缺失，存在网络覆盖死角之处识别不到船只的现象，商船与渔船碰撞时有发生，同时，不便于应急事件的及时处置。

二是海上锚地监管手段单一。缺乏科学的使用锚地申报和审批流程，以往均是高频向海事人员提出抛起锚申请，因信号不好或船只数量较多时，难以实现科学分配锚位。

三是海域岛际运输安全亟待解决。在多岛礁海域之间进行岛际运输，船只容易发生触底搁浅事故，如苏伊士运河"长赐号"搁浅事件，情节严重时还会导致整条运河的交通堵塞，浪费大量的时间成本与人力成本。

四是海洋石油污染事故频发。我国的邮轮大多以单壳船、小船、旧船为主，这些邮轮因船型结构不合理、管理人员操作不当、安全意识低等原因，极易发生灾难性船舶溢油事故，另外，船舶因碰撞、触损、搁浅等事故引起的油箱泄露也会造成海洋石油污染。

4. 海洋治理现代化

在海洋环境监测方面，信息化的海洋生态环境监测系统建设不够完善，无法满足监测工作所要求的灵活、智能与全面的特点，存在以下问题[191,192]：

第一，随着多元化海洋监测技术的广泛应用，海洋环境监测的数据量迅猛增长，造成数据在存储、管理、分析上的种种困难，尤其在数据挖掘方面，如何从海量数据中快速提取出所需信息，成为海洋环境监测工作中的一大制约因素。

第二，虽然大数据集成技术快速发展，但由于一些政策和技术限制，所获取的监测数据只在各部分做独立分析，不能及时实现数据的统一处理和共享。当前，海洋环境监测预报、海岛海域使用管理、海洋维权执法、海上应急处置、海洋生态保护等方面数字化、信息化、集成化程度不高，海洋环境综合调查和海上目标监测、综合管控技术手段仍比较落后，远海信息传输能力不足，通信链路尚不能自主可控，主要信息产品依赖国外的状况还没有改变。

第三，海洋环境监测的管理制度不够完善。海洋生态环境监测工作具有时效性、技术性和综合性，为确保工作能够有效进行，须有严格而完善的管理制度，但因现阶段的海洋生态环境监测工作尚缺乏这样的管理制度，导致海洋环境监测事业发展严重受限。因此，当下需要构建一套具有科学性、合理性以及有效性的管理制度，制度中应包含针对海洋生态环境监测的职能和任务，完善对于监测人员专业能力的考核，保证人员的专业能力符合标准，同时还要建立起海洋环境监测的网络信息化系统，及时防治海洋灾害以及海洋污染现象。

在海洋数据安全方面，海洋数据资源的急剧增长对数据的分析、存储技术均提出更高要求，海洋数据所具有的复杂化、碎片化、敏感性、异构性等特征也给其存储和分析增加了难度[193]，海洋时空大数据的质量检验、安全监管也亟须技术突破。同时，多源异构的海洋数据量庞大，格式不一，质量不高，为满足海洋数据的实时处理，就需要更高效的算法模型和更快速的分析技术，同时也对机器硬件条件提出了挑战。海洋大数据还存在着存储、访问、共享和监管等安全方面的问题。来自不同海洋业务系统的海量数据汇集存储到海洋大数据平台，在流通共享过程中有遭窃取、伪造和篡改的危险，还有可能在未授权的情况下被读取，从而造成情报和重要信息的泄露。目前我国的数据监管技术尚未发展成熟，且同时面临着大数据技术人才紧缺问题；海洋大数据平台的运维与开发、数据分析、数据安全等专业人才供求矛盾十分突出，给海洋数据的安全保障带来极大挑战[193]。

第 3 章　我国未来展望

3.1　引　　言

海洋是"数字化"综合体，具有立体化、网络化、智能化的特点。在纵向上，从高空卫星通信、低空飞机目标探测、水面舰艇集群目标侦测、无人航行器集群到海底机动设备阵列，形成"天、空、岸、海、潜"立体化的基础设施[194]。在横向上，形成实时连续的数字化通信网络，即利用高空卫星形成多种类海洋通信网络；利用移动平台，如无人机、无人艇等通信节点，组成局域空中网络；通过各种频段通信电台，形成水面通信网络；依靠水下固定式通信节点，连接岸基指挥中心，建立水下通信网络[194]。在全域上，以海空无人机集群、海面无人舰艇集群、水下智能鱼群为代表，形成多模态无人化的智能体系[194]。这样，应用"感知、传输、应用、管控、能源、平台"等海洋信息技术和"固定、机动"海洋信息装备联合构成现代化"数字海洋"网络信息体系[194]，如图3.1所示。

"空天地海一体化"的海洋网络信息体系将给国家海洋强国战略以及海洋信息组网提供服务[194]。这一体系的发展将使其在海洋治理领域，如海上搜救、资源保护、信息服务以及安全防范等方面得到有效的应用[194]。除此以外，在数据信息安全使用的基础上，搭建平台共享海洋信息，开

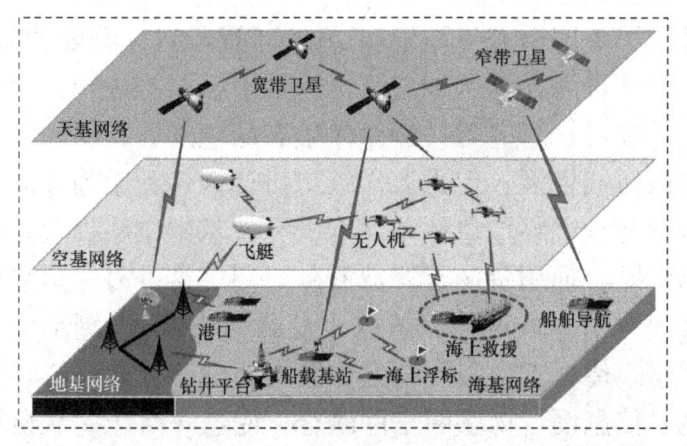

图 3.1 "空天地海一体化"海洋网络信息体系[195]

发丰富的产品将海洋数据可视化，有利于用户更形象、更全面认识海洋[194]。

可以看出，上述海洋网络信息体系是以海洋能源提供保障的能源网、在各平台间及跨域通信并提供融接空天海面和水下网络信息服务的信息网、以基础设施构成的物联网所组成的"三网"合一的海洋网络信息体系；该网络信息体系可满足海洋产业应用中的物质需求、能量需求和信息需求，从而促进海洋产业的四个现代化(简称"四化")。以下将从我国海洋网络信息体系的总体构想、体系架构和"三网四化"的推动路径来对我国未来海洋网络信息体系建设做出具体展望。

3.2 总体构想

3.2.1 发展目标

总体目标：深入贯彻《中华人民共和国国民经济和社

会发展第十四个五年规划和 2035 年远景目标纲要》指示精神，以建设海洋强国战略目标为指引，以推进现代海洋产业体系建设、打造可持续海洋生态绿色发展、保障海洋治理区域协同发展、促进海洋资源协调合理利用为导向，站在全球海洋网络信息体系高度，完善基础设施、攻关核心技术、整合通用资源、开放服务应用，推进海洋信息化和现代海洋信息产业创新跨越式发展，实现海洋网络信息体系"感、传、支、用"全方位能力建设，推动海洋领域能源网、信息网、物联网三网融合，促进海洋产业从机械化向网络化、无人化、智能化迈进，提升海洋农业、海洋工业、海洋服务业、海洋治理四个方面现代化水平，推进我国成为全球海洋网络信息体系的"领跑者"，为推动 21 世纪海上丝绸之路建设和构建海洋命运共同体提供重要支撑。

近期目标："十四五"期间，在海洋网络信息体系中的信息感知、传输、处理、应用和海洋能源方面等取得一系列代表性成果，推进该体系国家层面的顶层规划，完善海洋网络信息系统理论体系，完善重点区域海洋基础设施建设，增强全球范围海洋信息获取能力，实现部分关键设备和软件自主化，形成海洋自主产业化能力，建设海洋网络信息体系示范基地，形成独立自主可控的海洋大数据服务中心，实现示范海域信息立体化感知、海洋资源高度开放共享、海洋活动协同合作，发挥海洋重要的社会效益和经济效益。

3.2.2 发展方向

坚持陆海统筹，加快建设海洋强国，是"十四五"期间国家对海洋产业发展的最新指示要求。海洋网络信息体系建设，一方面，既要支撑国家全球战略的重大调整，加快推进海洋强国建设，开拓"一带一路"发展模式[196]；另一方面，又要服务于海洋科技产业发展升级转型需求，加速创新驱动发展，推进互联网+、大数据、人工智能等先进技术与海洋产业的融合。建设海洋强国需要对涉及海洋信息技术以及创新成果相关的国际发展趋势充分把握，还要充分掌握目前海洋信息体系革命的有利契机，以战略导向、技术导向、市场需求为牵引，聚合"产、学、研、用、孵、资、智"等各方力量，协同努力，联合攻坚克难，推进海洋网络信息体系领域理论研究、科技创新、装备制造、应用服务、人才引育、产业能力等的高效快速可持续发展，引领全球海洋网络信息体系建设，智慧经略海洋[194]。

为落实海洋强国战略，要想实现跨越式发展，就必须在开发利用海洋资源上占得先机，站在全球网络信息体系的高度，优先发展先进的海洋网络信息体系，构建海上综合信息网络，为海洋资源开发提供重要支撑[197]。我国的海洋网络信息体系应朝着"无人化、网络化、智能化"这一发展方向进行[197]。网络化发展方面，未来的海上将必然存在一个以固定平台以及机动平台、结合卫星资源与水下网络为组成要素，以无线的方式构建起"海面为基，融接空天、水下"的感传一体化网络[197]。无人化发展方面，未来海上的产业体系将重点依托锚泊浮台、无人艇、机器鱼、浮标、传感节点等无人化装备，利用无人化的"生产线"推动自主化捕鱼、无人航运等产业发展[197]。智能化发展方面，随着智能化技术的发展，未来各类海洋技术将从机械化、自动化向智能化迈进，不断挖掘出新的需求，创造新的价值[197]。

3.2.3 建设原则

海洋网络信息体系通过构建海上综合信息网络，为海洋资源的开发利用提供重要支撑。体系建设原则与思路有三个关键点：开放、分散、共享。

1. 多方合作的开放共享体系

体系区别于系统的关键特征是开放，即没有明确的边界范畴。不同于陆地国土资源的全封闭和空天资源的近全开放，海洋资源中公海占三分之二，是一个以开放资源为主的领域。从陆海空天的物理空间域角度来看，全世界是一个整体的网络信息体系，而海洋网络信息体系则是其有机组成部分之一，与其他组成部分是交织在一起的、开放的。海洋网络信息体系的建设内容不局限于海洋，还涉及空天和陆地上的设施；也不仅仅是技术工程，还涉及政策法规、社会人文等等。海洋网络信息体系提供而且必须提供信息共享服务，在信息域是开放的。由此可见，海洋网络信息体系是人类命运共同体的典型示范,是开放的体系。

(1) 开放的海洋网络信息体系必须共同设计、共同建设、共同分享。例如，Argo 计划最初由美国和日本联合发起，世界上 35 个国家和团体在大西洋、印度洋和太平洋等海域布放建设，同时融入并成为全球气候观测系统(Global Climate Observing System, GCOS)等大型国际观测和研究计划的重要组成部分，服务于各国海洋权益维护。

(2) 多方协同推进开展体系建设。在世界范围内海洋网络信息体系建设逐渐以多方协同、体系化推进为原则,多国联合的方式开展建设。美国综合海洋观测系统(IOOS)由美国国家海洋和大气管理局主持,海军、基金委、国家航空航天局、矿产管理局、地质调查局、能源部、海岸警卫队、工程兵团和环保署等总共 10 个联邦政府组织参加。

(3) 海洋信息资源充分开放共享。全球已有多个国家建立了 40 多个海洋信息共享平台[196]。美国国家海洋和大气管理局建立了统一的国家海洋数据中心,引接来自国际合作伙伴、IOOS 等 9 个不同来源的数据信息,以及其他来自欧盟、韩国、印度各类科研机构的数据,共 128 个数据所有者,2351 个海洋浮标数据,这些数据几乎覆盖了全球海域[196]。利用数据管理与存储系统(DMAS),加拿大 ONC 用户可以自由使用并共享数据资源,例如,全球用户可以利用海底观测网络计划(NEPTUNE)实时查询并下载其观测数据[196]。

2. 全域要素的分散与共享

分析全域网络信息体系的建设情况,陆基、空基、天基都已经启动,并以天地一体化信息网络工程形式向前推动。海洋网络信息体系由于分散运行、分散管理、时间线分散、结构层分散、分散部署等原因,从基础研究到基础设施建设都还不是很充分。因此,倾向于在全球网络信息体系的支撑下,集中力量开展海洋网络信息体系的研究,作为天地一体化信息网络向海洋空间的延伸和组成部分,引领全球海洋网络信息体系建设[197]。

此外,分散与共享的范围还包括公私兼济的共用基础设施。以美国为例,其一直秉承多部门协同原则,积极推动海洋方面的体系建设。IOOS 就是由美国海洋大气署主持协调的跨系统联邦计划[198],由美国国务院等 12 家单位共同建设,美国之外还有北约组织中的海洋机构、英国气象管理局等,充分体现了公私联动和国际合作的建设思想。

3. 良性循环的产业生态环境

开放的生态将促进思想和体系的交叉融合,进而加速技术发展。众所周知,技术的进步取决于资源,包括投入的人力和资本。摩尔定律的有效性源于良性循环,即改进的技术产生了指数级增长的收益,促使再投资研究和研发成为可能,进而又吸引新的人才和企业进行创新并将技术提升到一个新的水平。如果海洋网络信息体系要实现快速发展,也定义一个海洋网络信息的摩尔定律,那么就需要指数增长的投资,而维持这种投资则需要海洋网络信息体系有类似的良性循环,其中系统级设备和项目在商业上的成功足以增加对整个领域的投资。如果没有阶段性进展产生的商业收益,海洋网络信息体系建设将取决于政府机构继续增加投入。海洋网络信息体系建设的阶段性成果十分重要。特别是近期,研发商用应用对于启动这种良性投资循环至关重要。企业资本、民间资本在海洋网络信息体系建设生态环境中将发挥越来越重要的作用。

3.2.4 发展重点

1. 加强基础理论研究

运用体系工程方法，强化海洋网络信息体系基础理论研究。采用体系工程方法，在海洋的体系论、信息论和方法论等相关基本理论方面进行创新探索，重点加强深远海探测、海洋无人装备智能集群、水下通信组网等海洋信息技术基础理论、产业体系演进发展理论等方面的创新突破，尽快形成完备的海洋网络信息体系理论。

2. 强化关键技术突破与核心技术装备自主化研发

加强关键共性技术研发与颠覆性技术突破创新，提高海洋核心技术装备自主化与国产化。对标全球海洋网络信息高精尖技术，结合海洋网络信息体系建设中发现的薄弱环节，充分借助科研院所、高新科技企业等力量，积极推动海洋信息综合感知、深远海探测、水下通信组网、海洋信息处理与应用、海洋无人装备研发等各方面前瞻性、颠覆性核心关键技术突破，攻克海洋网络信息体系建设面临的关键技术瓶颈。强化核心技术装备的自主研发能力，提升关键设备自主可控性，争取摆脱关键设备主要依赖进口的情况。

3. 统筹推进海洋网络信息体系规模化建设

统筹总体体系架构、重大基础设施、重点应用装备、重要示范基地等设计建设。按照共建共享的理念，以构建"天地一体、陆海兼顾、机固结合"的共用基础网络为主，规划我国海洋信息基础设施建设的总体布局，梳理并优化已有基础设施存量，明确需要进行补充的增量，利用互联网思维共建共享模式创新、政府主导市场主体率先开展建设，重点推进海洋能源网、信息网、物联网基础设施，提高海洋网络信息体系网络化、无人化、智能化水平，最终实现从浅海、近海区域向深海、远海、极地的延伸与覆盖。

4. 逐步完善涉海政策法规体系建设

推动我国海洋基本法的建立，逐步完善我国海洋政策法规体系。参考国际先进海洋法律法规体系，建立健全我国海洋法律法规体系，完善我国海洋政策法律监管落实机制。鼓励涉海省市结合海洋产业具体实际，设立符合当地实际的地方性海洋政策规定制度，形成国家统一、地方特色的海洋法律法规体系，重点针对海洋网络信息体系推广建设中在政策法律方面存在的瓶颈问题，推进相关政策法规设立，为海洋网络信息体系建设提供政策法规体系保障。

5. 加快推进海洋信息产业集群与产业能力发展

加快推进海洋科技成果转化与海洋信息产业集群，推进我国海洋产业能力发展[199]。支持大型电子信息企业向海洋领域拓展，依托领域重点企业推动形成海洋感知装备、卫星通信导航、海洋大数据、船舶电子等海洋信息产业集群，通过海洋信息产业联盟构建生态，培育和壮大海洋网络信息体系智能应用。建立健全海洋科技成果转化机制，充分发挥政府、市场和中介机构作用，加快推进海洋科技成果产业化，提高海洋科技成果的产能效益。加快推进海洋高新技术产业园区和海洋信息共享服务平台建设，完善海洋科技成果产业化信息服务网络，采取技术合作、知识共享、共同开发等方式，加快构建以企业为主体、市场为导向、产学研用相结合的创新海洋产业。

6. 优化海洋人才队伍引育保障体系

推进与完善海洋领域人才引进与培育体制机制，优化海洋人才队伍体系建设。人才是第一生产力，加强海洋基础教育，加大海洋高科技领域专业人才培养力度，加强高校海洋学科专业、类型、层次与区域海洋产业发展的动态协同，培养高水平复合型海洋技术人才[200]。完善海洋人才引育机制，强化海洋领域重大创新平台、大科学装置、大科学计划等对人才的集聚作用，加快培养和引进海洋网络信息方面领军人才，对人才实施分类管理，打造一支梯度合理、结构完善、富有活力、国际领先的海洋科技创新"集团军"[200]。

3.3 体系架构

3.3.1 设计原理

遵循"钱学森思维科学体系"，应用体系动力学理论，采用体系工程方法，在海洋网络信息体系中，各系统既要有相对独立性保证灵活演进，又要有相互关联性实现能力叠加，从而层级涌现体系能力。网络信息体系是人类认识自然、改造自然的工具。其理论基础是自然辩证法和自然科学的总成；其参考模型是物理域、信息域、认知域、社会域等四个要素及其关系的自然参考模型；其特征是外观形态网络化、内容本质信息化和运行规律体系化的有机整体。在自然参考模型中，将物质与能量的客观物质世界建模为物理域；将信息的客观物质世界建模为信息域；将个体意识的主观意识世界建模为认知域；将群体意识的主观意识世界建模为社会域。物理域、信息域、认知域、社会域等四个域的域内要素关系遵循涌现规律，如图 3.2 所示，这四个域之间遵循一种层级式的涌现规律，结果是作为一个有机整体涌现出了网络信息体系。

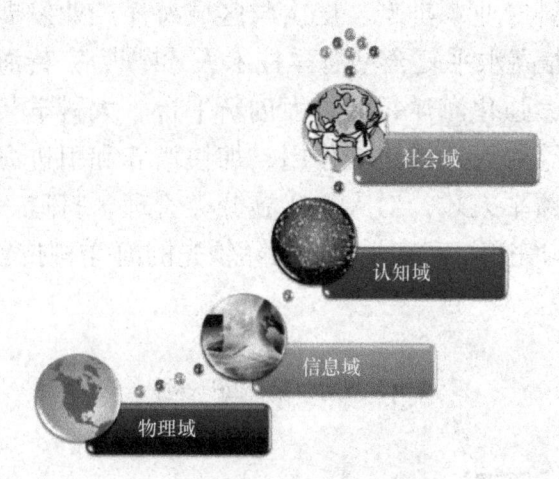

图 3.2 四域的涌现与演化

我国的海洋网络信息体系架构的设计原理如图 3.3 所示。从分层的世界观来看，上述的四个域可对应一个分层模型，分别为资源层、服务层和应用层，用于指导海洋网络信息体系构建。其中，资源层包括陆海空天网等物理域的全部资源，也包括少量信息域中的信息资源，这些信息资源是物理资源的信息化，所有这些统称为资源。通过认知活动,信息资源服务化,为应用提供各种各样的服务,因此把这些信息服务和产生这些信息服务的认知活动,统称为服务层。最后是应用层,即面向任务的应用服务,包括没有明显应用方向区分的服务。建立资源层、服务层、应用层的三层模型,作为网络信息体系三层架构设计的原理。

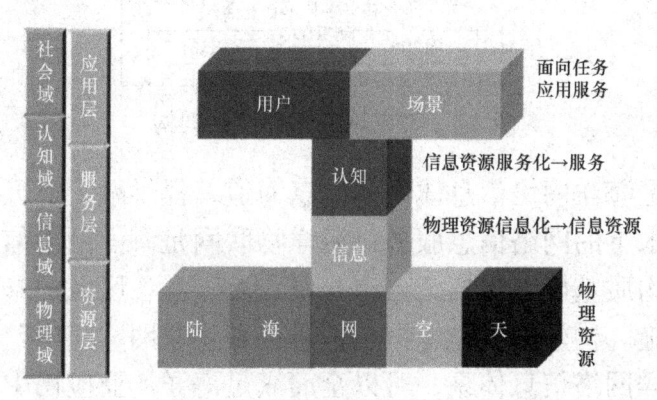

图 3.3 体系架构设计原理

3.3.2 体系架构

我国的海洋网络信息体系可考虑以"三网四化"作为基本架构(图 3.4)。"三网"是底层基础,"四化"是应用方向,以基础支撑应用、由应用牵引基础,最终形成以现代海洋网络信息体系支撑的智能海洋产业,实现海洋现代化。

"三网"是海洋网络信息体系的基础组成,包括了海洋能源网、海洋信息网和海洋物联网。海洋能源网是海洋网络信息体系的动力来源,从产、储、输、用四个方面,系统化、模块化的为物联网和信息网提供能源供给;海洋信

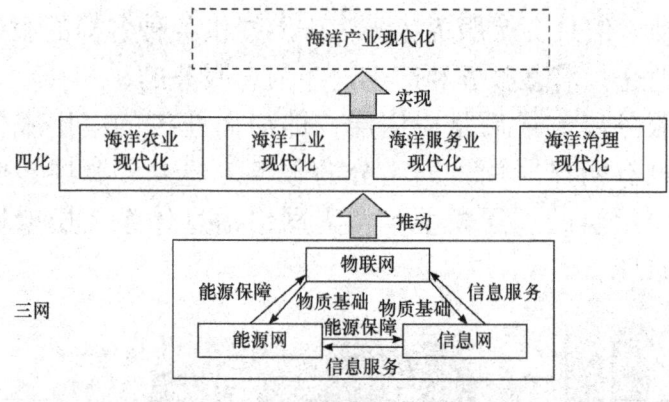

图 3.4 "三网四化"体系架构

息网是海洋网络信息体系的信息通道，提供融接空天、海面和水下的网络信息服务；海洋物联网是海洋网络信息体系的物质基础，包括天、空、岸、海、潜各区域的基础物理设施。构建海洋能源网、信息网和物联网"三网"合一的海洋网络信息体系，可以全面满足海洋产业应用中的物质需求、能量需求和信息需求，积极推进海洋产业现代化。

"四化"是指海洋四个产业实现现代化。与陆地产业分类相似，海洋产业也分为一产、二产、三产。海洋一产是海洋农业，包括了海洋渔业和海洋养殖业等；海洋二产是海洋工业，包括海洋矿业、油气业、制造业等；海洋三产是海洋服务业，包括了海洋运输、旅游、公益等。此外，我国海洋面积大、海岸线长，各类违法犯罪活动难以全面监控，因此海洋产业除一、二、三产外，还应当包含"第四产业"，即海洋治理产业。海洋治理产业包含了海域维权、探测预警、海上执法等方面。依托海洋能源网、信息网和物联网"三网"统一的支撑，可以推进海洋治理从目前的初级发展阶段向现代化阶段发展，加速实现海洋的四个现代化，即"四化"。

3.4 推动路径

根据上述"三网四化"的体系架构，分别从技术角度("三网")和应用层面("四化")来具体阐述我国海洋网络信息体系的推动路径。

3.4.1 海洋能源网的总体规划

我国海洋能技术创新的顶层设计仍须提高合理性和可操作性，总体规划如图 3.5 所示。针对不同海洋能源新技术的特点，加大基础科研投入，重视科研主体建设和科研体制改革，推动前沿基础技术突破，形成相应技术成果向产业部门的转化[201]。①建设综合支撑服务体系，通过加大对创新主体的资金支持、促进共性技术机构建设和组织产业联盟等方式，加大对技术的投入和降低企业的研发风险，同时形成自主技术标准[201]。②建立海洋能源勘察机构，加大我国海洋能源的利用范围。③现有政策注重技术应用示范工程建设和规模化消费市场基础设施建设，采取必要措施扩大海洋能产业的市场需求，以持续稳定的市场需求为海洋能技术成果转化提供有利条件[201]。④加大海洋能新装备研发的扶持力度，提高对创新主体的科技服务水平，对相关企业的金融和税收实施优惠。⑤示范工程的重要功能之一是为集成技术提供试验场所，加大海洋能新技术的海上试验示范工程的建设，并对技术提供方和技术客户之间建立积极的技术信息反馈渠道。

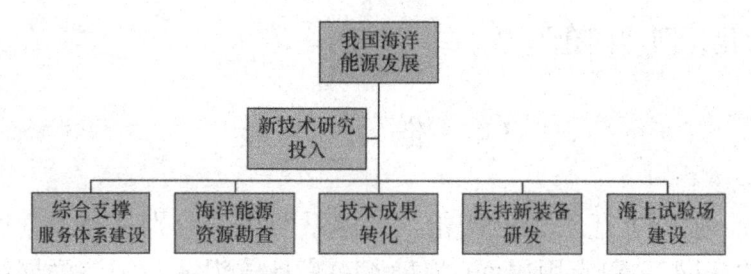

图 3.5 我国海洋能源的发展规划

面向海洋网络信息体系能源需求，同时考虑海上各行业的实际需要，我国的海洋能源网需打造出具有发电、储电、输电和用电的全产业链。整个海洋能源网在全寿命周期、全产业链上采用信息化管理，同时从高效费比出发进行设计(如图 3.6 所示)。

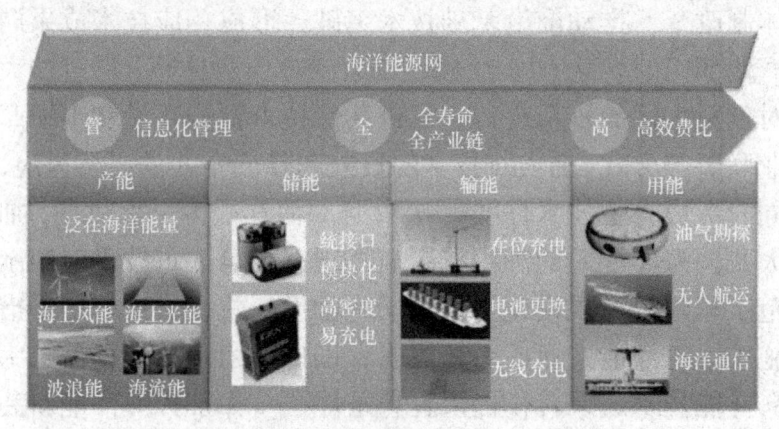

图 3.6 海洋能源网的总体设计图

海洋能源网作为海洋经济战略性设施，具有全产业链条长、引领性强等特点，对海洋泛在多元化能量资源开发和存储的海能应用开发技术、面向海洋应用新形式能量输配的海上智能电网技术以及精准全域化应用的海上供电服务技术等是关键技术难题。

1. 能源接口标准制定

解决目前海上设备仪器模块化用电中物理接口、信息接口和电气接口不统一的问题，构建海上模块化能源设计规范。

2. 海上发电技术

海洋能源网建设中使用泛在海洋能源，各类海洋能源发电技术均为海洋能源网建设的重点研究内容，其中漂浮式海上光伏发电技术、波浪能发电技术和潮流能发电技术是实现"海能海用"研究前景较好的发电方式。

3. 水下无线充电技术

水下设备储能模块的无线充电技术特点是通过非接触的方式进行能量的传递，其优点是安全性高且具有较强的环境适应性[202]。目前世界各国研究机构都高度重视水下无线电能传输技术的研究，但仍然存在一些关键问题亟待解决，其中包括[202]：深水应用的磁耦合机构结构、海水介质中损耗特性与传输特性、系统鲁棒控制技术、能量和信息同步传输技术，以便最大限度提升系统工作性能，保证系统的安全、可靠、稳定、高效运行[202]。

4. 模块化储能技术

打造高密度、模块化、易充电的海上储能模块，是解决海上独立自持设备长期、机动、高能力应用的有效解决手段。模块化多电平变流器(Modular Multilevel Conversion,

MMC)由于具有良好的输出电能质量等特点而被大量用在大容量、中高压电力变换场合，如柔性直流输电、高压变频等领域[203]；鉴于良好的可扩展性，该结构也开始被用于电池储能领域，如对高压锂电池、全固态锂电池、集成微纳复合电池等新型电池进行研究[203]。

5. 海面无线输能技术

海面无线输能技术是实现海上能源供给站点向舰船、无人艇等海上移动用能单元进行输能的最有效方式；另外，海上发电需要注意的便是海上自然灾害及海上突发事件的应对，而远距离无线传输便可在这一道关卡上提供信息捕捉，有助于海上管理和快速响应。

6. 海上"能源岛"技术

海上"能源岛"技术用于连接深远海大型海洋能集成平台(依托风电机组)，其建造相当于建立起一座海上能源枢纽，兼顾用于发电、储能及制氢等，实现由单一海上风电产业发展向多品种融合发展转变。如利用海上风机的稳固性，将海洋牧场、海上救助平台、海上油气、海水淡化、智能化网箱、贝类筏架、氢能、储能、海上光伏、海浪能等与风机基础融合，实现多种能源或资源的综合开发利用和融合发展，形成"能源岛"发展模式，实现产业多元化拓展，有助于提升海域利用效率，提升项目整体效益。

3.4.2 海洋信息网的技术规划

关心海洋、认识海洋的最终目的是经略海洋，而经略海洋集中体现在对海洋环境的感知、认知及预知能力、海洋资源的开发能力、海洋权益的维护能力、海洋生态环境的保护能力上，其中感知-认知和预知是经略海洋能力的基础。因此，海洋信息网的关键技术应着重关注感知-认知和预知能力的建设。

1. 智能海洋信息感知体系

一是新型传感器及阵列技术的研究。①低频大功率探测技术向更小体积、更低频率及更大功率的方向发展。随着探测距离要求的不断提高，现有低频大功率发射换能器频率仍需进一步降低[204]。同时，低频大功率探测技术需要聚焦于如何在期望的工作频段上减小发射换能器体积、提高声能辐射效率等[204]；低频主动声呐信号大大扩展了目标探测的空间范围，对目标信号和干扰信号辨识也提出了更高要求。②随着海洋信息网络的发展，海洋传感器已被广泛应用于海上事务、环境监测、航运等领域，如何实现对海洋物理场的智能感知、研发具有海洋观测能力的智能传感器是海洋传感器的挑战之一。海洋智能传感器结合多种人工智能技术使传感器具有信号处理、学习、决策能力，全面提升海洋传感器的感知精度、传输速率、信号解析、状态监控、故障诊断等重要性能，推动海洋传感器的发展。③在接收阵列方面，大孔径阵列的稳健阵列处理技术非常重要，如何有效克服低频段海洋环境噪声、柔性阵列易受系统自身误差等因素的影响，是低频大孔径探测需要解决的重要问题。自适应阵列处理是利用数据驱动，实时调整波束形成处理的参数，降低干扰目标影响，有效提高目标信号信干比。

二是智能探测平台的建立。由于海洋环境的复杂性，海洋数据探测存在采集难度大、传输困难等挑战，严重制约海洋科学的发展。对此，建设空天地海一体化的海洋信息观测平台，包括以海洋探测卫星为主的海洋航天观测网，以海洋遥感飞机、遥感无人机为主的海洋航空观测网，以岸基雷达为主的地面海洋观测网和以浮标、海底环境监测器为主的海洋海基观测网。构建空基、天基、陆基、船基、海基的海洋立体监测/监视数据采集与传输系统，建设可对海域全时空、高分辨率、高频率、实时、动态、交互式立体观测的海洋立体观测网络，实现海洋数据采集与传输的智能化、实时化、自动化、并行化和网络化，为数据驱动的海洋科学研究奠定基础。

三是智能边缘计算的引入。边缘计算，是相对于云计算而言，在物理上临近数据源头就近提供边缘智能计算服务的一种工作模式，它使物联网、智能制造等所需的网络通信，数据存储，实时计算，应用处理等核心功能在靠近工作现场的地方得以完成。海洋物联网设备的迅速增加，带来网络传输带宽负载增加和数据计算量庞大等难题。引入基于智能边缘计算的去中心化分布式计算模型，将数据处理过程的一部分转移至智能海洋传感器中，有效提升计算性能和智能化水平。

2. 水声目标探测技术

水声目标探测技术应朝着环境自适应、抗干扰及弱目标探测增益、智能化方向发展。①基于环境适配的目标探测技术。水声信号在海水中传播时，由于海面的反射、波导效应、旋涡以及内波等因素作用，信号会产生扩展、延迟等畸变，由此会造成平面波假设不再适用[203]。利用信号处理的方法对水声信号进行相应处理，发展基于环境适配的目标探测技术，将大大提高被动探测的性能。②多基阵分布式探测技术。作为水声目标探测的一个发展趋势，该技术主要包括：基于信息融合的分布式探测技术，通过对分布式节点所获取的数据和信息进行关联与融合，此为经典的分布式探测技术途径[205]；基于物理基处理的分布式探测技术，在空间分布较远的多个声基阵增加在三维声场空间采样的差异性和多样性，以此为基础进行多节点之间的空间和时间上的物理场匹配处理，分布式匹配场是其中最典型的一类方法[205]；多基地主动目标探测技术，关注多基地联合探测技术，通过多基地目标与传播信道特性，获取联合探测增益，从而能够提升弱目标探测能力[205]。③智能化目标探测技术。随着无人系统如UUV和USV等在水中的使用，一方面，怎样在无人或者少人操作的情况下完成自主探测与目标发现是目前水声探测领域的新问题，即依据迥异的应用条件(如不同的噪声背景、混响背景等)、目标性质、声呐类型，探究探测技术的智能化应用；另一方面，人工智能的发展也为水声探测提供了新的智能化方法，即可通过对具有一定规律性的目标和环境特征的自适应学习，在多特征联合概率模型下检测判决，采用跟踪或分类置前检测思想，利用目标方位、幅度、频谱等多维度特征，通过基于关联的学习，根据行为、特征差异性来进行自主探测，在低信噪比条件下获得高检测概率和跟踪精度[205]。

3. 多波束测深技术

多波束测深技术是一种条带测深技术，条带的有效覆盖范围直接决定了多波束测深系统的测深效率，多波束系统的波束个数决定了每次测深点个数，即在同一条带覆盖范围内，波束个数决定了测深点的密度，因此增大多波束系统的有效扇面开角和波束个数是实现全海深测量的有效途径，目前多波束测深系统正努力往这方面发展[206]。

4. 智能泛在组网技术

"泛在"顾名思义表示广泛存在。泛在网络是指把先进的计算技术、数字处理技术、智能网络等其他先进技术结合而成的技术社会形态。泛在网络使得智能泛在组网技术的实现成为可能。将数量众多的海洋传感器利用泛在组网技术实现网络互通，依托声光电多模态海洋观测传感器构建海洋信息观测网，不同观测网之间通过泛在组网技术实现区域融合和数据融合的空天地海一体化网络通信体系，实现海洋信息的高效实时获取。

5. 智能网络协同计算与控制技术

计算机网络技术、通信技术、多媒体技术和群件技术共同构成了协同计算环境，可以使不同地域、不同时间、不同文化背景的人们协调一致地为某项任务而共同工作，这就是协同计算[207]。针对海洋信息获取的不同网络之间和不同传感器之间观测数据不同、观测目标不同、观测区域不同的问题，提出智能网络协同计算与控制技术。基于声光电多模态的特点，利用空天地海多区域海洋数据的协同计算与云端网络协同控制技术，对不同网络观测数据进行协同处理，提高计算性能和区域覆盖广度。

6. 海洋人工智能

以机器智能、类脑智能和量子智能为核心，研究海洋人工智能技术的智能处理、规律发现和知识推理等内在机理和前沿技术，建立海洋人工智能关键技术体系。

人工智能在图像识别、数据挖掘及医疗领域中的应用越来越广泛，如何将最新的人工智能理论和机器智能理论应用到海洋智能计算领域是亟待解决的问题。针对海洋领域的特点和应用需求，通过高并发、可扩展的海洋大数据挖掘与智能分析方法，实现对海洋大数据高效准确的分类、识别、关联和预测，提高海洋信息处理的智能化水平，推进海洋科学的智能化进程。

以最新的脑神经科学和人类认知行为研究为理论支撑，通过软硬件协同实现逐渐逼近具有自主学习和信息处理能力的海洋人工智能关键技术体系。面向超大规模、超高维度、超复杂度的海洋大数据，探索海洋大数据智能感知、处理、规律发现和推理等前沿技术，实现海洋数据处理、分析与预测的自主能力；探索可对海洋大数据高速处理的量子智能技术，提高任务执行的并行能力，提高系统的快速响应能力，实现可实时化的人工智能系统。

7. 海洋大数据技术

大数据技术是从广泛的数据中提取有效数据价值的技术，根据特定目标，经过数据采集和算法分析等，从各类型的数据中快速获得有价值的信息，从而为正确决策提供参考依据[208]。通过在海洋领域充分发挥大数据技术的优势，可实现对海洋信息的分析处理，推进海洋科学研究进程。针对由智能海洋信息感知体系获取的海洋网络信息大数据异构性强的特点，海洋大数据技术研究混合数据模式，构建具有高可扩展性、高性能、高容错性、高可伸缩性和低运营成本的海洋大数据存储与管理系统；研究海洋大数据处理技术，通过数据融合与重构，提高多源异构大数据的质量，为后续的大数据重构以及融合提供高精度数据集；研究海洋大数据高性能交换网络支撑软件关键技术和海洋大数据多粒度共享技术，建立高并发的异构分布式海洋大数据交换支撑平台，实现异构海洋大数据的数据及服务交换共享；研究支持海洋大数据的高并发分布式学习方法，可扩展的机器学习方法和深度学习网络模型，提高海洋大数据分析方法的执行效率和性能。

8. 海洋系统建模及预测预报平台

随着计算仿真系统在海洋领域的应用，通过开展超大规模海洋数据并行可视化、超高维度海洋数据智能交互式分析、超高精度海洋数值模式仿真、超细粒度虚拟现实与可视化融合以及精确预测预报技术研究，实现多传感器的集成和融合系统建模，构建海洋精准仿真系统。针对海洋资源全球服务需求，研究数值分析、数据计算、量子计算和智能计算等关键技术，将网络服务进行动态组合、服务监控和复杂交互，建设跨平台的动态业务模式，构建开放环境下的海洋系统建模及预测预报平台。

9. 海洋信息服务及支撑技术

海洋信息服务是新一代信息技术与新时期海洋活动的深度融合。把握信息化发展趋势、找准海洋领域的供需契合点、开展海洋信息服务技术研究，对于海洋事业的发展有重要作用。海洋信息服务技术以海洋工程、资源开发和生态环境保护实际应用需求为导向，开展面向海洋预测预报、海洋工程、资源开发和生态环境保护需求的海洋智能信息服务研究，构建网络化、个性化、精准化的海洋智能信息服务技术平台。

海洋网络信息支撑服务技术主要包括网络信息标准规范体系、网络空间安全与保密体系和信息开发共享与交易体系。标准规范化的海洋数据可以为数据驱动的海洋科学研究提供统一接口，是研究海洋信息学的数据基础。网络信息标准规范体系由网络信息交换框架、网络信息语义交互规范和信息资源管理框架构成。具体来说，信息交互框架主要包括海洋信息采集、传输和持久规范以及海洋信息分析和挖掘规范；网络信息语义交互规范由批处理交互、实时处理交互和流处理交互规范，以及信息基础标准通则等各部分构成；信息资源管理框架主要对针对计算机资源、存储资源、网络资源，以及知识资源等进行规范管理控制。上述标准规范可以为海洋网络信息提供者、获取者、基础设施提供者、服务提供者，以及机构决策者在海洋网络信息的大数据全生命周期过程中的活动行为以及活动内容提供标准和规范。

海洋网络空间安全与保密体系是海洋信息学的安全基础，为从认识海洋到经略海洋提供关键保障。网络空间安全与保密体系主要包括网络空间安全与保密平台、集中安全和风险管理、数据全生命周期安全支持、网络与计算平台运行监控等四个方面。具体为：①建立海洋立体通信网络环境下的跨时空数据安全管理框架，构建多级、分域海洋数据安全模型，设计面向复杂节点网络的数据源追溯、流向感知和安全计算与可控应用机制[209]；②构建适用于多任务场景、不同保密等级需求、异构软硬件载体的安全密钥管理系统，设计面向涉海移动数据采集终端的嵌入式终端密码模块和易于系统集成的分布式密钥生成组件，实现高鲁棒、可扩展、全局去中心化的海洋数据安全系统密钥生成和分发体系[209]；③引入不对称海洋数据终端间密钥协商及数据安全传输协议，设计多级多跳、非实时传输条件下的涉海源数据完整性验证方法，构建海洋立体观测计算网络中节点源认证及数据可靠传输机制，形成涉海大数据安全保密传输和抗攻击防御方案[209]；④应用并发展国有自主知识产权软硬件和安全可控的核心安全协议，构建海洋大数据平台安全监管系统，支撑海洋大数据平台的安全访问控制、存储计算资源安全共享管理和全时运行监控[209]。

信息开发共享与交易体系主要包括海洋大数据共享与交易平台建设、交易与共享技术的研究以及海洋大数据价值的提升。具体来说，海洋大数据高性能交换网络支撑软件关键技术，建立高并发的异构分布式海洋大数据共享交换支撑平台；海洋大数据多粒度共享与交易技术，实现面向智慧应用的异构海洋大数据的数据共享及数据交易服务；基于海洋大数据在交换共享过程中产生的海量交换信息，优化交换网络结构，并采用知识发掘技术发现海洋大数据的应用规律与关联规则，实现海洋大数据的价值提升。

3.4.3 海洋物联网的体系构建

"透明海洋"战略的含义是融合现代海洋观测技术、信息技术以及预测预报技术，以全球视角或者局域尺度，实时获取海洋相关信息，并对其进行评估，研究海洋环境多尺度变化，挖掘其背后的机理[210]。通过布局亚中尺度和次表层主动遥感新型卫星遥感(天空)、海气界面智能定点与移动组网观测(水面)、水下无人平台及组网观测(水下)、海底观探测(海底)四个立体层次的核心技术装备及相关基础研究[211]，一个全球海洋模拟与大数据智能分析处理中心，进而构建面向全球海洋环境与目标感知的"海洋物联网"技术体系[210]，实现海洋的状态、过程、变化和目标四个透明，预测海洋资源、环境和气候的时空变化，为国家海洋事业和经济社会发展提供全面精准的海洋信息服务。

为建设"透明海洋"体系，在天、空、海、潜以及海底立体跨域进行智能观测和探测装备布放工作，开展海洋多层次、多维度、多平台的一体化立体感知关键技术与装备研发，建立海洋智能模拟与大数据分析中心，基于海洋大数据开展综合应用与信息服务，建立"透明海洋"综合应用示范区[210]。具体来讲，"透明海洋"的布局通过"基础研发—关键技术突破—形成装备或应用"链条在以下六方面展开[210]。

1. "卫星观澜"——新体制卫星海洋遥感

在天基观测方面，针对当前海洋卫星观测对水体穿透能力、观测精度有限的问题，创新卫星遥感技术，构建海洋卫星观测的中国方案，实现海洋从中尺度到亚中尺度、表面到海洋混合层、主动微波与主动光学联合同步观测[210]。

研制新型海洋激光雷达以及相应的干涉成像高度计和真实性检验系统，构建了将宽刈幅干涉成像雷达高度计与激光雷达水体剖面同步观测相结合的新体制[210]。一是通过研发星载海洋激光雷达及水体剖面信息提取技术，实现大洋混合层垂直穿透的海洋综合信息探测；二是通过研发新机制干涉成像高度计及反演方法，实现了全球海面从中尺度到亚中尺度分辨的海洋动力过程的观测；三是通过研发新体制海洋透视卫星同步观测与真实性检验关键技术，开展新体制海洋透视卫星技术与地面应用系统关键技术研究、亚中尺度分辨率的数据产品制作及海洋三维数据反演[210]。

2. "海气交互"——海气界面观测

在水面观测方面，发展海面智能移动和定点锚系平台互连观测与探测技术，综合利用大型锚系海气观测浮标、漂流式海气观测浮标、波浪滑翔器、无人船等观测平台，构建集多手段、协同组网、高时空分辨率、网格化观测、数据实时通信等功能于一体的海气交互观测技术系统，实现对海-气界面物质能量交换的实时监测、水下移动观测平台的通信中继[210]。

基于当前水面观测技术装备现状，主要从以下几个方面推进技术研发：一是设计研发高海况下海气监测浮标系统，以黑潮延伸体为目标海域，根据高海况工作环境进行针对性设计，一方面保证仪器、设备及数据安全，另一方面使标体尺寸便于运输与深海布设及回收；二是针对深水海域特点设计相应锚系系统，满足大水深多传感器感应耦合式测量要求；三是设计研发智能化浮标控制和通信系统，支持系统自我诊断，实现数据、信息的(准)实时回传、存储管理及诊断、自动维护与备份等功能，支持多种方式实时数据回取；四是设计能源供给系统，满足浮标系统长时间工作和搭载多种设备的能源需求[210]。

3. "深海星空"——深海观探测

在水下观测方面，开发全水深水下无人智能小型移动观测平台，研发基于新平台的多学科传感器。构建深海长期定点实时观测平台和移动观测平台相结合的水下观测系统，实现对深海动力、电、磁、声学、生物地球化学等环境要素的实时或准实时综合观测，构建覆盖全球深海大洋的一体化、全水深综合观测技术体系[210]。

为了实现上述目标，需要在以下几个方面推进技术突破：一是开发多参数深海实时潜标观测系统，研制潜标单元、数据采集单元、水声通信单元和卫星通信单元，并进行系统综合集成；二是开发全海深剖面智能浮标平台技术，包括主被动浮力驱动与压力补偿技术、深海多参数传感器集成与数据处理技术、海洋环境能源利用技术等；三是开发水下平台通信组网技术，包括水声广域通信组网技术、水下通信网络节点研制技术等；四是开发新型水下传感器技术；五是开发水下接驳无线充电等海洋观测网能源补充技术[210]。

4. "海底透视"——海底观探测

在海底观测方面,开发海底自主高精度定位、新一代接驳技术和数据传输技术,建设以勘测海底过程、重塑海底环境为目标的海底观测技术示范系统,为环境观测提供基础平台和技术支撑[210]。

当前,海底观测系统总体上还处于起步试验阶段,面临诸多技术制约。建设海底观测系统,需要在以下几个方面进行技术攻关:一是开展海洋环境仿真及特征分析;二是研制海底观测网深海湿插拔连接器,攻克海底观测网深海光电湿插拔连接器设计、制备和测试技术;三是研发高精度海底地球物理场多尺度立体探测技术,实现关键海域海底边界层信息快速提取[210]。

5. "深蓝大脑"——智能模拟与大数据

在数据处理方面,发展海洋高分辨率模拟器、人工智能与大数据技术,建设"透明海洋"中枢系统。基于超级计算机研发控制平台,建设全球亚公里级透明海洋智能模拟器,实现对"透明海洋"系统的智能自驱动、自发现和自演进[210]。

数据处理与应用是"透明海洋"的核心组成,是"透明海洋"为国家经济社会发展与安全服务的重要载体,具体体现在以下几个方面:一是要研发机器智能、边缘计算和大数据分析等前沿技术,建立具有自主智能、自动发现、自演进的深蓝大脑,构建面向超大规模、超高维度、超复杂海洋大数据的可高速处理的自主智能与协同控制体系;二是搭建基于"深蓝大脑"的"空—天—地—海"海洋物联网络中枢系统,实现空间精细、时空连续、分量完备的"透明海洋"大数据系统;三是建立透明海洋智能计算平台,通过人工智能引导,初步具备任务驱动的观测设备自主控制与调度能力,形成设备智能交互体系框架和区域海洋物联网智能感知平台;四是构建超高精度类脑智能并行计算平台,研究国产众核环境下的多机高速协同计算与管理,高效分布式访存、多机分布式模型共享等体系模型以及集异构处理器协同任务分配技术[210]。

6. "透明示范"——海洋环境与目标信息综合应用与服务

"透明海洋"战略实施是一个逐步推进的过程:可先行推动示范区建设,选择重要区域,对各类新技术开展示范应用,逐步整合形成新的技术体系与应用模式,再逐步向全球海域拓展[210]。根据我国海洋强国战略发展需求,建议在"两洋一海"区域建设"透明海洋"海洋物联网综合应用示范区,为环境保障与目标感知装备试验、技术系统示范运行等提供基础条件;在国际上引领多尺度多学科海洋物质能量循环、深海大洋动力过程及其气候资源效应等重大科学研究;面向全球大洋,开展海洋环境综合信息服务;研发通用的目标综合感知与辅助决策信息系统[210],构建"观测-海洋-声学-决策-反馈"五位一体的 AREA (Adaptive Rapid Environmental Assessment)体系,推动海洋环境为海上应急服务保障能力的提升;研发智能化海洋目标感知技术及其与无人平台的集成技术,突破水下目标警戒无人平台核心技术和跨平台组网感知技术,集成各类观测平台，形成多位一体的现代化海洋观测体系[210]。

"透明海洋"区域示范应当统筹技术研发与示范应用目标，兼顾先进性与实用性[210]。一是开发海洋环境协同组网适应性观测与目标探测技术，集成浮标、水下滑翔机、卫星遥感等多样化观测手段和数据反演方法，获取更精确可靠的海洋环境数据；二是开发高分辨率海洋同化与数值预报技术，研发"两洋一海"区域耦合延伸期数值预测系统，实现对区域大气、海洋要素的多时空尺度的延伸期预测；三是开发海洋环境效应智能决策技术[210]。

3.4.4 海洋四个现代化的发展路径

1. 以海洋牧场现代化建设推动现代海洋农业全面发展

推动现代海洋农业的全面发展，提升海洋农业的智慧程度，首先要从占比最大的海洋渔业入手；而推进海洋渔业现代化进程，开展海洋牧场现代化建设尤为关键。海洋牧场是应对海洋渔业资源衰减的有效手段之一。从2018年中央一号文提出建设现代化海洋牧场，到2019年中央一号文提出推进海洋牧场建设，截至目前全国已建成国家级海洋牧场示范区136个。后续应该将重点放在海洋牧场建设的技术原理上面，关键在于从机制方面着手，进而突破原理认知，实现可持续发展。目前，关于现代海洋牧场建设的重大科学问题可总结为以下几个方面：海洋牧场生产力演变、生物过程及生态互作机制、对气候变化的响应机制、经济动物行为控制原理与机制、融合发展机制等[166]。

现代化海洋牧场建设是一个复杂、长期、多学科交叉的系统工程[166]。因此，需要立足绿色、高效与可持续发展目标，在未来五到十年，必须在现代化海洋牧场建设技术体系构建方面实现突破，主要有：海洋牧场生态环境营造技术、生物行为控制技术、生物承载力提升技术、生物资源评估技术、生态模型构建与预测技术、智能捕获装备与配套技术、智能微网构建与能源保障技术等[166, 212]。

2. 以勘探开发核心技术攻关推动现代海洋工业高质量发展

针对我国海洋油气资源勘探开发所存在的问题及当前信息化建设的主要需求，为推动我国海洋石油工业高质量发展，首先要在上游领域加强深水深层、稠油、低渗、高温高压等油气勘探开发领域关键核心技术攻关，发展具有独立自主的高水平科技，持续强化深海油气资源开发核心技术能力建设[213]，如"海洋石油 119"[214]的成功交付标志着海油工程在浮式生产储卸油装置(Floating Production Storage and Offloading, FPSO)高端制造核心技术和EPCI(4个行业术语的缩写，即设计(Engineering)、采购(Procurement)、施工(Construction)、安装(Installation))总包能力方面获得了新的突破。其次，在中下游领域继续推进数字化转型，提高作业效率和服务能力。例如，某油气相关单位力争在"十四五"期间形成自主设计、建造、运维的液化天然气(Liquefied Natural Gas, LNG)全产业链技术体系和服务能力，在"十四五"末海上平台无人化率达到15%以上，业务数字化率达到50%以上[213]。此外，要重视绿色生产和绿色产业的培育。对于海油产业，最重要的是抓好海上油气低碳生产，包括加大近海岸电引入规模，同时要积极推动碳捕集利用与封存(Carbon Capture, Utilization and Storage, CCUS)示范项目，对海洋油田积极开展碳封存示范工程，推动海洋负碳技术规模化应用。当然，绿色产业也是重中之重[213]。

3. 以海洋信息服务综合应用推动现代海洋服务业发展

根据国家海洋局《海洋及相关产业分类》的标准，现代海洋服务业中包括海上运输仓储业、批发零售及餐饮业、旅游服务业，环境保护、海洋勘探业，海洋金融生产服务业等[215]。目前国内的几个海洋城市在海洋服务业上各有侧重，如宁波以海洋交通运输业为主，青岛的海洋科教产业全国领先，深圳的海洋金融产业发展快速，厦门的滨海旅游业国内领先[216]。可以看到，基于海洋信息所提供的服务在海洋服务业中扮演着愈来愈重要的角色。目前的海洋信息服务主要有[217]：海洋信息监管服务，主要用于渔业、船舶等海洋产业和海洋静态动态环境的实时监控管理，以及为海洋生态保护提供信息和技术咨询服务；海洋信息交易服务，主要是涉海行业的电商信息交易服务；海洋数据信息服务，包括海洋地理信息系统、海洋数据库、海洋数据服务平台和自然资源平台；海洋信息预报服务，主要是提供海上灾害预警、海上环境预报和突发事件应急预报等服务；综合性海洋信息服务，提供海洋经济、科技、政策法规、滨海旅游、海洋文化和知识科普等信息。

因此，为推动现代海洋服务业的发展，一是要针对海洋预报、海洋自然灾害、海上突发事件、海上打捞救助、滨海旅游等生产生活和社会发展需求，建设精细化、便捷化、智慧化服务系统及专题产品，实现国家、区域、沿海省市(区)、县的四级联动部署服务[218]。二是重点针对管辖海域、极地大洋、重要海峡通道，围绕海洋经济活动、权益维护、海上安全生产等保障需求，在国家、海区建设部署全民可用的海洋环境预报、区域通信导航、目标态势感知与信息支援等综合应用系统，实现信息共享、方案互通、指挥协同，为打击海上犯罪，共同应对复杂海上突发事件提供信息保障能力。三是将大数据、人工智能等现代信息技术与航运要素深度融合，大力发展智能航运业，构建以智能船舶、智能港口、智能航保、智能监管和智能服务为核心的智能航运体系，提升交通运输领域国际领先的重大装备研发和自主设计建造能力，助力我国航运业实现由大到强的结构性调整和高质量发展。四是在国家层面建设部署共用信息服务平台，为社会公众提供形式多样、内容丰富的海洋信息及产品服务。基于增强现实、虚拟仿真、声光电等技术手段，在国家、省市层面建设部署海洋数字档案馆、海洋数字图书馆、虚拟海洋博物馆、虚拟海洋科普馆等，为社会公众提供在线的海洋科普、海洋文化、海洋基础知识教育服务，提高全民关心海洋意识，弘扬海洋文化。

4. 以智慧化管理决策系统建设推动现代海洋治理健康发展

在推进海洋治理现代化建设发展过程当中，现代海洋治理对于机制建设、法律健全、职责划分等方面尚有不足。一是信息孤岛现象依旧严重。数据信息的管理机制不够完善,各相关部门的关联度不够高[219]。整体机制系统性不足,规范标准不统一,资源整合不当,各环节之间信息沟通受阻,出现重复建设以及信息孤岛的现象[219]。二是海洋生态安全治理相关法律法规不健全。当前,海洋生态安全的概念和认知尚未上升到法律层面,治理制度建设远滞后于海洋开发管理的进程,亟须出台相关政策加速海洋生态安全治理的进程。三是有关部门责任划分不明确。在海洋治理方面,涉及部门众多,呈现"九龙治水"的现象,缺少相关制度的设立,行政管理协调不力,极其容易造成相互推脱,存在中国海洋治理管理的局限性。

基于当前所面临的问题,面向海域海岛动态监视监测、海洋防灾减灾、海上交通管理、海上气象监测预警等海洋综合管理和行业管理辅助决策需求,建设完善智慧化管理辅助决策系统,搭建基于"一张图"的海洋管理辅助决策平台,实现国家、区域、沿海省市、县的四级联动部署服务[218]。在国家、海区两级建设部署国家海洋安全平台及配套基础设施,实现与国家安全平台、应急平台的有效对接。建设国家、省、市三级部署的海洋生物多样性与海洋环境保护、海洋生态环境整治与修复监管评估等系统,开展海洋环境整治与修复工作,推进人海和谐持续健康发展。

第4章 我国热点亮点

4.1 概　述

2021年，我国在海洋网络信息体系建设方面所取得的成绩可圈可点。一是在基础理论上，形成了"科学体系工程思想"及运用体系思维来推动海洋产业的发展，用以全方位统筹科技与产业力量，落实海洋强国战略。二是在关键技术上，海洋物联网的架构和核心技术已实现重构，相关试验平台业已完成；天基装备和水下机器人关键技术成绩显著；自主研发了漂浮式海上风电机组，盐差能技术和海上光伏技术均取得最新科研成果；依托人工智能和大数据技术及高性能计算，海洋数字孪生的构建已成为可能；深海探测技术获重大突破，相关探测技术突破了国外技术的封锁；完成了二维海底大地电磁探测，有助于对海底深部信息的获取；成功实现了海洋构造动力学精细化数值模拟，开启了海洋地质数字信息化新时代；自主研制了海洋环流数值预报系统，相关技术及业务水平在国际上处于领先地位。三是在产业能力上，我国海洋经济保持平稳恢复态势，主要经济指标处于合理区间，发展韧性持续显现。海洋新兴产业持续快速恢复，海洋清洁能源开发势头强劲，海上风电并网容量持续大幅上升。海洋传统产业稳步增长，海洋交通运输业保持良好发展态势，海洋货运量保持稳定增长；海洋旅游消费不断释放，市场逐渐向疫情前常态恢复[44]。

4.2 基础理论

在基础理论方面，为了全方位统筹科技与产业的力量支撑海洋强国战略并形成共识，已形成"科学体系工程思想"[220]以及运用体系思维来推动海洋产业的发展，这是我国海洋网络信息体系建设的一大亮点。科学体系工程是立足于世界科学技术发展前沿和国家重大战略需求，集某个领域基础研究、应用基础研究、技术开发和产业化于一体的综合性重大科学工程项目，体现了社会主义制度的优越性，是科技产业领域"集中力量办大事"的典范[220]。

4.3 关键技术

我国在物联、能源、信息的关键技术上均取得重要突破和显著成果。其中，海洋物联网已通过架构和核心技术的重构，相关试验平台已经搭建完成，天基海洋遥感技术和水下机器人技术均达到先进水平；在海洋能源的开发利用上，关键技术和发电量均取得显著成绩；在海洋信息技术方面，充分利用新一代人工智能技术和高性能计算，对海洋环境监测和地质特征进行了数字化构建和模拟，同时，基于自主研发的深海探测技术和探测设备，完成了深钻和海底探测等任务，为揭示海洋地质特征奠定重要基础。

4.3.1 海洋能源网

我国海洋技术和产业发展虽然起步较晚，但在海洋能源开发利用领域仍然取得了一定的突破和显著成果，如风能、潮汐能、波浪能和海流能发电等。

1. 漂浮式海上风机安装取得零的突破（热点）

2021年7月，我国首个漂浮式海上风电平台，搭载全球首台抗台风型漂浮式海上风电机组，组成"三峡引领号"（图4.1），在广东阳江海上风电场顺利安装[221]。据悉，漂浮式海上风电被业内寄望为"未来深远海海上风电开发的主要技术"，已在多个国家和地区开展探索。与传统固定于近海海床上的风电机组相比，漂浮式机组可实现在深远海部署风力发电机的愿景，在获取深远海域稳定优质风电资

图4.1 "三峡引领号"漂浮式海上风电机组

源的同时，不影响近岸渔业及其他相关产业活动。"三峡引领号"的成功安装，意味着我国迈开了深远海风能资源获取的步伐，同时也为广东省加快能源结构转型，实现"双碳"目标，助力交通强国、海洋强国和粤港澳大湾区建设贡献力量。

2. 潮汐能发电量位居世界第三（热点）

浙江江厦潮汐电站是我国最大的潮汐电站，总装机容量3200kW，年发电量600万度。我国潮汐发电量仅次于法国、加拿大，位居世界第三[222]。据统计，我国可开发的潮汐发电装机容量达21580MW，潮汐资源相当丰富，年发电量约为619亿度。

3. 首台500kW鹰式波浪能发电装置完成交付（热点）

2020年6月，首台500kW鹰式波浪能发电装置"舟山号"（图2.2)完成交付[147]。该项目装置搭载的鹰式波浪能发电技术具有独特的吸波浮体和良好的俘获性能；所采用半潜式结构搭载吸波浮体和能量转换设备，具有较高的转换效率与工程便利性[13]，可在海上独立稳定输出10kV、3kV、380V、220V及24V标准电力[223]。

4. 海流能发电装备创下国内最大发电功率记录（热点）

所研制的大长径比半直驱高效水平轴650kW海流能发电机组，是目前国内单机发电功率最大的海流发电装备。海流发电装备主要有水平轴、垂直轴和振动式3种基本形式，其中水平轴形式被称为一种"高效"结构；发达国家的大型海流能发电机组也均采用了主流的水平轴结构形式。科研团队攻克了水平轴发电装备技术难题，取得了一系列原创机型和一些关键部件的创新，从整体上解决了海流能发电机存在的三大难题，即海流能发电机作为能源机电装备、海洋服役环境装备和间歇能量供电装备时分别面临的高效性、可靠性以及稳定性问题。

5. 盐差能发电技术获得重大突破（亮点）

2021年，科研团队在仿生不对称膜高效转换盐差能方面取得最新研究成果[224]。研究团队在之前开发大面积、高密度纳米孔膜的快速制备技术的基础上，通过精准的分子设计、合成，构筑了大面积、超高面密度的、具有薄选择层的、不对称纳米孔阵列膜。不对称膜表现出优异的离子二极管行为，有效地抑制了浓差极化，实现了高效的盐差能转换，解决了限制盐差能转换的瓶颈问题。该仿生不对称纳米孔阵列膜的理念为下一代离子交换膜的设计提供了新思路，将在海水淡化、离子筛分等领域具有广阔的应用前景。

6. 首个近海漂浮式光伏发电系统下水试验（亮点）

2021年12月，全国首个近海漂浮式水面光伏发电系统试验方阵下水，在探索发展海上漂浮式光伏的道路上迈出了坚实的一步。试验方阵下水后，将在几个月时间里进行水动力要素、波浪冲击性、泥沙盐雾侵蚀等多要素的融合试验，以验证项目的可靠性与可行性，并根据试验结果，适时推进舟山白沙岛近海漂浮式光伏发电项目。

4.3.2 海洋信息网

1. "透明海洋"计划稳步实施,海洋数字孪生成为可能(热点)

随着"透明海洋"计划的实施与推进,通过集成和发展现代海洋观测与探测技术,面向全球大洋和特定海区,以移动平台为核心,依托人工智能和大数据技术,实时或准实时获取多圈层、全海深、高时空分辨率的海洋综合环境与目标信息,并在此基础上,预测未来特定时间内海洋环境变化,实现海洋的状态透明、过程透明、变化透明[210]。实时立体观测、高分辨率与超高分辨率数值模拟以及大数据、人工智能技术的综合发展已使得构建海洋数字孪生成为可能。通过构建海洋数字孪生系统,将实现海洋环境的精细化监测、治理,及海洋资源的精准化开发、使用和调控,全面提升人类认识海洋与经略海洋的能力。

2. 深海探测技术获重大突破,相关技术刷新世界纪录(热点)

相关单位牵头完成的"深海探测技术获重大突破"获评 2021 年度地质科技十大进展。主要进展及创新有:近海底地震、重磁等探测技术取得"零"的突破,自主创新形成了深水双船拖曳式海洋电磁探测技术,突破了"深潜、深钻和深海长期观测"关键技术[225]。自主研发了海底大孔深保压钻机,刷新了海底钻机钻探深度的世界纪录;构建了自主研发的"三位一体"深海立体探测体系和深海公共试验平台体系;成功研发了具有自主知识产权的船载重力梯度测量系统,先后攻克了高分辨率石英挠性加速度计研制、高精度惯性稳定平台控制、微弱重力梯度信号精密提取等一系列核心技术[225]。

3. 国内最长最深海底大地电磁探测完成，为解开南海形成之谜助力（热点）

2019年9月，海底大地电磁探测实验在南海北部完成[226]。此次探测剖面测线长度超过300km，最大投放水深近4000m，是国内目前为止最大最深的二维大地电磁探测，目的是为研究南海陆洋转换的岩石圈薄化特点和岩浆活动过程[226]。海底大地电磁探测是研究地球深部的一种重要的地球物理方法；因海底大地电磁场携带着海底以下的岩石电性信息，通过探测海底电磁场源，再将测量数据进行成像处理，即可推知海底深部的地质构造。值得一提的是，此航次采用的是国内自主研发的海底大地电磁仪器，实验的成功为继续提升海底大地电磁仪器性能提供了宝贵的经验和数据[226]。

4. 海洋构造动力学精细化模拟成功实现，海洋地质数字信息化开启（亮点）

依托大规模计算，海洋构造板块俯冲等动力学精细模拟(分辨率达到1km)成功实现，可用于经略海底油气、稀土、可燃冰等矿产资源。依托大数据和云计算技术，相关单位对标国际合作计划OneGeology，启动"深时数字地球国际大科学计划"，拟基于"机器可读可理解"理念实现海洋地质数据化和信息化。

5. "妈祖1.0"正式发布，填补了我国海洋环流数值预报领域的空白（热点）

2021年12月29日，自主研发的"海洋环流数值模式'妈祖1.0'"(Mass Conservation Ocean Model, MaCOM1.0)正式发布[227]。"妈祖"模式在温盐垂直结构、海表面温度、海表面高度异常以及流场等方面的预报效果与国际主流海洋环流模式相当[227]。相比国外主流海洋环流模式，"妈祖"模式具有两个方面的显著优势：一是采用全新质量守恒物理框架，克服了传统体积守恒海洋模型在精确模拟海面高度和盐度等方面的固有缺陷，建立了基于质量守恒物理框架的业务化海洋环流模式；二是具备"碳友好"特性，采用GPU并行加速，运行高效低耗[227]。

4.3.3 海洋物联网

1. 智能海洋物联网试验示范平台建设完成（亮点）

2021年建设的智能海洋物联网试验示范平台，可为海洋港口、海工装备、海洋养殖、海岸带生态监测、水下目标监测等提供实时监测数据，同时可为进一步构建大型的海洋物联网技术和装备的验证提供海上测试平台，可在海洋资源开发、海洋生态环境保护、海洋科技创新和海洋权益维护方面提供支持，符合大力发展海洋经济的国家战略。

2. 天基海洋遥感识别技术已达国际先进水平（亮点）

我国C波段多极化合成孔径雷达卫星发射升空，入轨后与01卫星组网运行，共同构成中国海陆监视监测网。该卫星搭载 C 波段多极化合成孔径雷达分系统及船舶自动识别(AIS)分系统，图像分辨率可达米级，图像质量达到国际同类先进水平。

3. 无人无缆潜水器关键技术取得重大突破（热点）

无人无缆潜水器组网观测与探测作业成功实现，提出了国产化水下组网通信解决方案，验证了水下组网定位技术，国产化试验样机实现商业化。我国已实现大规模、多类型无人无缆潜水器组网观测与探测应用[228]。同时，2020年至 2021 年期间参与组网观测与探测应用的潜水器平台种类和数量规模创国内外纪录[228]。

4. 海洋机器人集群智能协同核心关键技术取得突破（亮点）

海洋机器人集群智能协同技术项目群通过海试验收[229]。海洋机器人集群智能协同属于"人工智能+海洋无人系统"深度融合发展的一项基础性、创新性技术，信息共享、协同感知、敏捷编队、协同决策、人机协同、作业策略、系统集成等核心关键技术完成突破，实现了海洋机器人集群智能协同架构模式从集中式(有中心)/混合式发展为分布式(无中心)，系统协同智能化水平从半自主升级为全自主，适应任务场景及环境从确定结构化拓展为未知非结构化，从而能完成更加复杂的协同任务[229]。

4.4 行业应用

4.4.1 基础设施

1. 天基海洋观测体系（热点）

我国海洋动力环境卫星星座构建完成，天基海洋观测体系进一步完善。截至 2020 年 7 月，我国已经拥有了海洋一号系列、海洋二号系列、中法海洋卫星等多种海洋观测卫星，形成海洋水色、海洋动力环境等系列多颗卫星同时在轨运行的局面，建立起种类齐全、优势互补的海洋遥感卫星观测体系[230]。2021 年 5 月，海洋二号 D 卫星在酒泉卫星发射中心成功发射升空，与已在轨运行的海洋二号 B 卫星和海洋二号 C 卫星"三星组网"，共同构建成我国首个海洋动力环境卫星星座(图 4.2)，实现对全球海面高度、

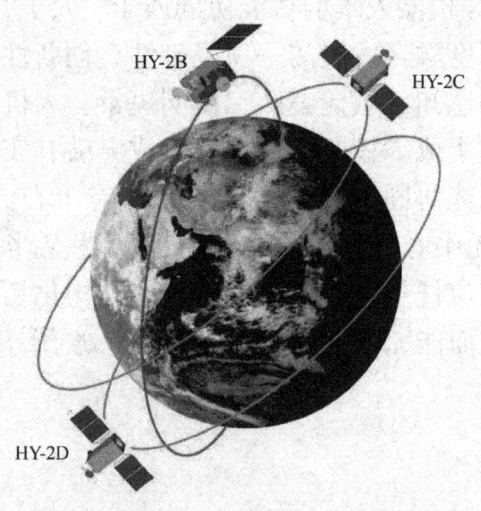

图 4.2 海洋动力环境卫星星座[231]

有效波高、海面风场、海面温度的全天时、全天候、高精度观测，有效服务我国自然资源调查监管[231]。通过多种卫星协同观测、组网运行，我国目前已具有对全球海域多要素、多尺度和高分辨率信息进行连续观测覆盖的能力，在我国海洋环境监测、海洋资源开发、海洋经济发展、海洋防灾减灾、海洋权益维护、海洋科学研究和国际海洋合作等方面发挥出重要作用[230]。

2. 国家海底科学观测网（热点）

2020年8月，海底科学观测网监测与数据中心完成了主体结构封顶并进入项目建设冲刺阶段。"国家海底科学观测网"是我国海洋领域国家重大科技基础设施，该项目可为深入认识东海和南海海洋环境提供长期连续观测数据(图 4.3)[232]。国家海底科学观测网建成之后，将成为总体水平国际一流、综合指标国家先进的综合性海底科学观测网，可为中国海洋科学研究建立开放共享的重大科学平台，

图 4.3 国家海底科学观测网[233]

并服务于海洋环境监测、海洋资源开发、海洋灾害预警等多方面的综合需求[233]。

3. 国家海洋综合试验场（热点）

国家海洋综合试验场正式揭牌，海洋公共服务能力和水平进一步提升。2021年9月24日，"国家海洋综合试验场(威海)"（图4.4)正式揭牌。作为自然资源部与地方共建的首个国家海洋综合试验场，国家海洋综合试验场(威海)可为企业和科研院所开展海洋仪器装备、波浪能和潮流能发电装置比例样机试验测试提供良好的海洋环境条件；同时，可为海洋科技创新提供公共试验和测试服务，为国家海洋观测监测、海域海岛动态监视监测和海洋调查业务提供技术支撑。

图 4.4 国家海洋综合试验场[234]

4.4.2 政策法规

海洋信息化领域多份纲领性指导文件已制定，涉海省市全面推进立法工作。在过去的"十三五"期间，国家发布《中华人民共和国国民经济和社会发展第十三个五年规划纲要》、《"十三五"国家战略性新兴产业发展规划》、《全国海洋观测网规划(2014—2020年)》、《全国海洋经济发展"十三五"规划》、《国家海洋局关于进一步加强海洋信息化工作的若干意见》(国海发[2017]8号)等支持海洋信息化建设的多维度专项规划及政策文件，"十四五"期间，国家相继发布了《中华人民共和国国民经济和社会发展第十四个五年规划和2035年远景目标纲要》、《国务院关于"十四五"海洋经济发展规划的批复》(国函〔2021〕131号)等政策规划文件，广东、山东、福建、上海、浙江、江苏、天津、辽宁、河北、广西、海南等11个涉海省份也在2021年相继推出海洋经济发展"十四五"规划等海洋产业指导性政策规划文件，为我国和各涉海省份今后一段时期内海洋经济产业发展、海洋信息化工作等提供了指导思想，明确了基本原则，同时制定了明确的发展目标和重点任务[235]，旨在强化我国海洋信息化顶层设计，从全局角度统筹协调海洋信息化建设，解决海洋信息化建设过程中面临的问题和困难，提高海洋信息化应用水平，保障海洋网络信息体系建设[235]。

4.4.3 产业能力

2020年，面对新冠肺炎疫情冲击和复杂多变国际环境影响，海洋经济面临前所未有的挑战，但涉海部门和沿海地方积极稳妥应对，海洋经济发展保持基本稳定。我国海洋经济呈现总量收缩、结构优化的发展态势。

1. 海洋经济总体运行情况

2020 年全国海洋生产总值 80010 亿元，比上年下降 5.3%，占沿海地区生产总值的比重为 14.9%，比上年下降 1.3 个百分点。其中，海洋第一产业增加值 3896 亿元，第二产业增加值 26741 亿元，第三产业增加值 49373 亿元，分别占海洋生产总值的 4.9%、33.4%和 61.7%，与上年相比，第一产业、第二产业比重有所增加，第三产业比重有所下降[236]。由国家海洋信息中心发布的《2021 中国海洋经济发展指数》，综合客观反映我国海洋经济发展水平、成效和潜力，数据显示：我国海洋经济发展总指数为 135.8，比上年下降 0.7%[237]。其中，发展水平①指数为 133.8，比上年下降 4.2%；发展成效指数为 133.7，比上年增长 0.5%；发展潜力指数为 140.6，比上年增长 2.8%[237]。

2. 主要海洋产业发展状况

除滨海旅游业和海洋盐业外，其他海洋产业均实现正增长（见表 4.1），展现了海洋经济发展的韧性和活力[238]。海洋电力业继续保持两位数增长，海洋生物医药业、海洋油气业和海洋化工业取得较快增长，海洋交通运输业和海洋渔业等传统产业实现恢复性增长[238]。以下是几个主要海洋产业的发展状况：

---

① 发展水平主要反映海洋经济的规模、结构、效益和开放水平；发展成效主要反映海洋经济发展的稳定性和对民生改善的影响；发展潜力主要反映海洋经济的创新能力和对资源环境的影响。指数以 2010 年为基期，基期指数设定为 100。

——海洋渔业　海洋渔业的转型升级使得海洋捕捞得到控制，海水养殖得到快速发展。特别是深远海大型养殖装备和水产品电子商务的应用，对冲了疫情对冷链运输的影响。海洋渔业全年实现增加值4712亿元，比上年增长3.1%。

——海洋电力　随着国家产业政策实施和技术装备水平提升，海上风电快速发展，全年海上风电新增并网容量306万千瓦，比上年增长54.5%。潮流能、波浪能等海洋新能源产业化水平不断提高。海洋电力业全年实现增加值237亿元，比上年增长16.2%。

——海洋油气业　受疫情影响，国际油价持续走低，海洋油气企业经营效益受到冲击，为保障国家能源供应，海洋油气企业加大增储上产力度，产量逆势增长，2020年海洋油、气产量分别为5164万吨和186亿立方米，比上年增长5.1%和14.5%，全年实现增加值1494亿元，比上年增长7.2%。

——海洋交通运输业　随着国内外航运市场逐步复苏，我国海洋交通运输业总体呈现先降后升，逐步恢复的态势。沿海港口完成货物吞吐量、港口集装箱吞吐量分别比上年增长3.2%和1.5%。海洋货运量比上年下降4.1%，但下半年实现正增长。全年实现增加值5711亿元，比上年增长2.2%。

——海洋盐业　随着盐业市场的萎缩，海洋盐田面积持续减少，海盐产量有所下降。全年实现增加值33亿元，比上年减少7.2%。

——滨海旅游业　滨海旅游业受到前所未有的冲击，

滨海旅游人数锐减，邮轮旅游全面停滞[236]。全年实现增加值 13924 亿元，比上年下降 24.5%。

表 4.1　2020 年海洋生产总值数据表[239]

指标	总量/亿元	增速/%
海洋生产总值	80010	−5.3
海洋产业	52953	−4.8
主要海洋产业	29641	−11.7
海洋渔业	4712	3.1
海洋油气业	1494	7.2
海洋矿业	190	0.9
海洋盐业	33	−7.2
海洋化工业	532	8.5
海洋生物医药业	451	8.0
海洋电力业	237	16.2
海水利用业	19	3.3
海洋船舶工业	1147	0.9
海洋工程建筑业	1190	1.5
海洋交通运输业	5711	2.2
滨海旅游业	13924	−24.5
海洋科研教育管理服务业	23313	5.7
海洋相关产业	27056	−6.1

此外，我国海洋新兴产业整体呈现向好态势。在 2021 世界科技海洋大会开幕式上正式发布的《中国海洋新兴产

业指数报告》显示，2018 年 1 月至 2021 年 9 月，海洋新兴产业指数由 100 增长到 134[240]。自监测以来的 12 个行业中，海洋高技术服务业、现代海洋船舶、海工装备三个产业对总指数的贡献位居前三，合计占 59.4%，是拉动我国海洋新兴产业发展的主力军[240]。

总的来说，2020 年海洋经济稳健复苏，发展质量长期向好。除滨海旅游业受疫情较大冲击外，主要经济指标持续改善，大部分海洋产业稳步回升，进一步加快发展的势头已露端倪[241]。

第5章 领域年度热词

热词1：万米载人 深潜 奋斗者号

1. 基本定义

"奋斗者"号是中国研发的万米载人潜水器。该潜水器研制项目于2016年立项，其科研团队主要由蛟龙号、深海勇士号载人潜水器的研发力量组成[242]。该万米载人潜水器在2020年6月19日被正式命名为"奋斗者"号。

2. 应用水平

我国于2020年10月10日至11月19日期间，成功实施8次全海深载人深潜，特别是11月10日在被称为"地球第四极"的西太平洋马里亚纳海沟，"奋斗者"号成功坐底"挑战者深渊"，深度10909m，创下中国载人深潜新的深度纪录[243]。这代表着我国万米级载人潜水器"奋斗者"号海试取得成功，并取得了深海装备和深海技术的重大突破，实现了中国科学家大洋科考"全海深"进入[243]。自2020年11月奋斗者号深潜器成功下潜至10909m的深海海底后，截止到2021年12月，奋斗者号在一年的时间里，已经成功进行了21次万米深潜作业，让27位科学家抵达地球最深处进行科学考察，并发起《马里亚纳共识》倡议，共享科考样本和科学数据，让地球最深处成为人类的共同领地、国际大科学合作的平台。

热词2：蓝碳计划

1. 基本定义

海洋是地球上最大的活跃碳库，发挥着全球气候变化"缓冲器"的作用。海洋碳汇又称"蓝色碳汇"或"蓝碳"，与陆地上的"绿色碳汇"相对应。2009年联合国《蓝碳》报告指出，海洋生态系统捕获的碳被称为"蓝碳"，占全球光合作用捕获碳的一半以上。目前联合国政府间气候变化专门委员会(Intergovernmental Panel on Climate Change, IPCC)承认三种近海碳汇形式：红树林、海草床和盐沼。但海洋碳汇还包括更多其他环境形式，如大洋环境中生物量和固碳速率更大的海洋微生物。海洋碳汇的主要生物过程包括生物泵、碳酸盐泵和微生物碳泵。基于这些过程，海洋科学家提出了一系列基于海洋环境的碳汇地球工程，如海洋铁施肥、人工上升流、增加碱度、海水养殖等。

碳达峰(Peak Carbon Dioxide Emissions)，是指在某一个时点，二氧化碳的排放不再增长，达到峰值之后逐步回落。碳中和(Carbon Neutrality)指的是，国家、企业或个人在一定时间内，直接或间接产生的温室气体排放总量，通过植树造林、节能减排等途径，抵消自身产生的二氧化碳排放量，实现二氧化碳动态"零排放"[244]。碳达峰与碳中和一起简称"双碳"。我国二氧化碳排放力争2030年前达到峰值、2060年前实现碳中和。

2. 应用水平

作为党中央统筹国内国际两个大局做出的重大战略决策，实现碳达峰和碳中和是着力解决资源环境约束突出问题、实现中华民族永续发展的必然选择，是构建人类命运共同体的庄严承诺[245]。全国海洋各界纷纷响应党中央号召，积极投入碳达峰和碳中和事业中。科技部相继部署了若干海洋碳汇方向的重点研发计划。2021年1月，全国首个碳中和垃圾分类站落地四川成都，居民可投放自己日常产生的可回收物，通过回收抵消碳排放量，还能获得收益[246]。2021年5月，深圳推出全国首个《海洋碳汇核算指南》，构建了科学规范和具有可操作性的海洋碳汇标准体系。2021年9月，厦门产权交易中心(厦门市碳和排污权交易中心)完成了首宗海洋碳汇交易[247]。2021年12月，阿里巴巴发布《阿里巴巴碳中和行动报告》，提出三大目标：不晚于2030年实现自身运营碳中和；不晚于2030年实现上下游价值链碳排放强度减半，率先实现云计算的碳中和，成为绿色云；用15年时间，以平台之力带动生态减碳15亿吨[248]。

热词3：海洋试验场

1. 基本定义

海洋试验场由国家、地方各类投资主体投资建设，在沿海近岸、深远海等一定范围内，针对海洋科技、行业产业及社会需求建立的集海洋科学观测、海洋信息网络、技术装备试验、方法研究和模式检验等功能于一体，为海洋仪器设备、装备系统研发、海洋科学研究、海洋观测、监测和调查等提供试验测试服务的支撑平台。海洋试验场的建立对于汇聚国内涉海领域相关优势资源，打造海洋高端装备制造、海洋水产养殖、海洋能源开发利用、海洋交通航运等产业集聚区提供了重要支撑。

2. 应用水平

近年来，国内海洋试验场建设取得长足发展，初步按照"北东南、浅海+深远海"的布局,系统推进国家海洋综合试验场体系建设。目前,自然资源部规划了山东威海、浙江舟山、广东珠海和海南三亚等4个区域的国家海洋综合试验场,计划到2025年,国家海洋综合试验场业务体系将基本健全,运行管理体制机制基本完善,实现长期稳定的业务化运行。2021年9月,自然资源部与山东省人民政府签署《自然资源部山东省人民政府共建国家海洋综合试验场(威海)协议》,这是我国第一个获得部省共建的海洋综合试验场区,该场区主要用于海洋传感器功能测试、海洋新能源设备海上试验、海洋无人装备现场实试等,正在发展为集海洋装备测试、卫星空间基准定标、海洋背景场测量于一体的大型海洋综合试验场,基于试验场的标准化测试流程,极大可以有效提高海洋装备的可靠性和环境适应性。随着国家海洋综合试验场业务化水平的不断提升,服务海洋科技创新及产业化领域的不断拓展,未来试验场必将在我国海洋强国建设中发挥重要作用。

热词4:深海网箱

1. 基本定义

深海养殖网箱(以下称"深海网箱")的意思是可在深度大于20m左右的较深海域使用的养殖网箱[249]。深海网箱是近十年来迅速发展的养殖设备;通过运用计算机、新材料、气动、防腐蚀、防污损(附着物)、抗紫外线(防老化)等高新技术,即便在非常恶劣的海况条件下,也能保持网箱结构系统及其所养殖的鱼类安然无恙[250]。深海网箱主要由框架系统、网衣、锚链系统和配套设施等组成,具有抗风浪能力强,使用年限长,综合成本低,污染小,鱼类死亡率低，鱼产品品质好等特点。

2. 应用水平

截至 2020 年，我国深海网箱养殖面积为 3821.4 万公顷，同比 2019 年增长 97.4%，深海网箱养殖产量为 29.3 万吨，同比 2019 年增长 42.85%[251]。广东、山东、福建、浙江、江苏、广西、海南等涉海省份在其海洋"十四五"规划中明确提出发展深海网箱产业。2021 年 6 月 3 日，山东烟台海洋牧场"百箱计划"首座深海智能网箱平台"经海 001 号"在长岛南隍城东部海域顺利安置，并于 7 月 6 日正式投入使用。该智能网箱平台采用太阳能、风能作为主电力来源，在日照充足、风力稳定时基本满足日常照明、水下监控、船员间及监控室室内空调的用电需求。同时，通过自动投喂、水下监测、水下洗网等设备，实现网箱平台养殖的自动化、智能化，可实现年产许氏平鲉商品鱼 720 吨，产值约 6000 余万元[252]。"经海 001 号"下水后，将重点围绕深海网箱适养鱼类、同时辅以海面藻类种植和海底贝类底播等，形成生态化、立体化养殖模式[252]。

海洋牧场"百箱计划"是烟台耕海牧渔、实施经略海洋战略的重要载体[252]。"经海 001 号"深海智能网箱是首批交付使用的亚洲最大量产型深海智能网箱，填补了我国在 30m 水深养殖水域坐底式网箱养殖空白，为海洋产业开启了智能化新时代[252]。"经海 001 号"配备了数字化养殖管理系统、智能机器人及作业系统、生物监控系统三大核心板块，构建了完整的物联网大数据分析服务平台，实现了深水网箱智能环境检测、自动投喂、养殖数据自动采集、传输、计算、分析等功能。

热词5：海上智能油田

1. 基本定义

海上智能油田是在海上环境、数字油田的基础上，借助业务模型和专家系统，基于云计算、大数据、物联网、人工智能、5G、北斗等信息技术为传统油田赋能并实现流程再造，具有现代化、数字化、智能化的新型海上油田[253]。智能油田可全面感知油田动态，自动操控油田活动，预测油田变化趋势，持续优化油田管理，虚拟专家辅助油田决策，计算机智能管理油田，是勘探开发专有技术智能化、配套产业智能化、经营管理现代化、信息应用智能化协同发展的必然结果[253]。

2. 应用水平

2021年10月15日，我国自研大型海上智能油田——秦皇岛32-6智能油田(一期)项目建成投用。秦皇岛32-6智能油田的建成，直接改变海上油田管理架构复杂、运营效率难以提升的现状。未来工作模式将基于生产操控中心，建立一体化协同高效的运营模式，实现各岗位人员对生产全过程的实时监控、远程管控，跨专业协同，更高效处置和管理，可为油田带来生产效率30%的提升、综合20%的减员，预计每年产生3000万元的直接经济效益。

热词6：海上浮式风机并网发电

1. 基本定义

区别于其他固定式风机发电，海上浮式风力发电多用于水深超过60~80m、离岸距离大于70km不适合建桩的深远海域，通过安装在浮动结构上的风力涡轮机获取风能进行发电。目前海上浮式风机按照其静稳性原理大体可分为单浮柱式(Spar)、张力腿式(TLP)、半潜式(Semi)和浮筒式(Barge)四种类型或其综合形式[254]。海上风机并网通常又称为海上风电场，并网运行的风力发电场可以得到大电网的补偿和支撑，更加充分的开发可利用的风力资源[255]。

2. 应用水平

浮动风电场在欧洲等一些浅水区域较少的地区发展较早；作为深远海域海上风电领域的先行者，欧洲多个国家已在深远海域进行布局。例如，英国的 Hornsea 1&2 风电场、德国的 Hohe See 风电场、Albatros 风电场、Sandbank 风电场等离岸超过 100km；Hornsea 1 风电场总体发电功率超过 1000MW，Hywind 风电场、Windfloat 风电场水深超过 100m，其中 Hywind 风电场部分水深甚至超过 200m。根据世界海上风电论坛(WFO)发布的数据(表 5.1)，全球共有 10 个已投运、在建和规划中的海上浮式风电项目，总装机容量超过 1GW[256]。

表5.1 全球投运、在建和在开发浮式海上风电项目(10MW 以上项目)

项目名称	容量/MW	国家	机型	状态	完成时间
Hywind Scotlan	30	英国	Siemens Gamesa SG 8.0-167	运行中	2017
Windfloat Atlantic	25	葡萄牙	MHI Vestas V164-8.4 MW	运行中	2020
Kincardine	50	英国	MHI Vestas V164-8.4 MW	运行中	2021
Provence Grand Large	24	法国	Siemens Gamesa SG 8.0-167	建设中	2022+
EolMed	24.8	法国	Senvion 6.2 MW	建设中	2024

续表

项目名称	容量/MW	国家	机型	状态	完成时间
Groix-Belle-lle	28.5	法国	MHI Vestas V164-9.5 MW	计划中	2022
EFGL	30	法国	MHI Vestas V164-10 MW	计划中	2022
Hywind Tampen	88	挪威	Siemens Gamesa SG 8.0-167	计划中	2022
Donghae 1	200	韩国	—	计划中	2024+
Ulsan Metropolitan City	500	韩国	—	计划中	2025+

近年来，在能源转型压力的推动下，我国开始发展适用于深远海的浮式风电场。2021年7月，我国第一台浮式风机"三峡引领号"下水，是亚太地区首个投入商业化运营的海上浮动式风机，同时也是全球第一台抗台风型浮式风机。"三峡引领号"涉及的浮式风电关键技术研究、水池物理模型试验、工程设计等均为项目团队自主攻关完成，包括从概念研究到工程化设计和样机建设的全套程序等，自主化率超过95%。该项目形成了从设计到施工以及装备的成套新型浮式风机及基础技术，并以此为基础投资建设半潜浮动式海上风电样机工程，打通技术研发、工程设计、样机工程、示范研究、推广应用等浮式海上风电全流程，同时培养和搭建浮式风电产业链，为大规模商业化浮式风电场的开发提供技术和实践支撑。

热词7：海底数据中心

1. 基本定义

海底数据中心(Underwater Data Center, UDC)将安装在

密封压力容器中的服务器安放在海底,用海底复合电缆供电并将数据回传至互联网;整个系统主要分成海底和岸基两大块。传统数据中心需要使用压缩机或冷却塔制冷,消耗巨大的能源;而海底数据中心则是利用海水的巨量流动对服务器产生的热量进行散热冷却,运营过程中,每个机柜可以节约水资源200立方米/年,可有效解决超算领域中的能耗(PUE)和水耗(WUE)双重挑战。相比于陆上数据中心,海底数据中心岸站占地极少,具有省电、省地、省水、绿色等特性,对海洋的使用不再具有排他性,布放的海域既可包容海洋牧场、渔业网箱等生态类项目,又可与海上风电、海上石油平台等工业类项目互相服务,是陆海统筹、生态用海、集约用海的一种有效探索。

2. 应用水平

自2020年国内海底数据中心(UDC)解决方案及海底数据舱模型首次亮相,UDC测试样机完成设计采购、组装集成,并于2020年底至2021年初完成了系统水下布放和测试工作。2021年1月,海兰信UDC测试样机完成第一次起捞,并举行了阶段性测试成果发布会,会上发布了《测床样机测试报告》、《海底数据中心能效(PUE)测试报告》、《海洋生态环境评估报告》,同步完成海底数据中心海南三亚示范项目签约,成为全国首个商用海底数据中心示范项目,该项目计划到2025年完成100个数据舱的布放,建成领先国际的绿色低碳海底数据中心。

微软承诺将在2030年实现"碳负排放"和"零废弃物"这两大目标,并期望在2050年,从大气环境中消除总量为微软公司自1975年成立以来的碳排放量总和,真正实现

"零碳排"。2018年初,微软将Project Natick海底数据中心沉入了117英尺(约36m)深的海底,并在之后的两年中,持续测试并监控数据中心服务器的性能和可靠性。2020年夏天,集装箱大小的海底数据中心被缓缓从海底捞起。通过长达数年的努力,微软证实了海底数据中心这个想法的可行性。

热词8:海运物流供应链

1. 基本定义

物流供应链可以理解为一条有机的物流链条,从产品或服务市场需求开始,到满足需求为止的时间范围内所从事的经济活动中所有涉及的物流活动部分所形成的链条。功能健全的物流链最理想的状态便是绿色物流。实现高效的绿色物流要在硬、软两方面下功夫。硬,指的是加强物流基础设施建设,包括仓储、运输、装卸等;软,指的是提升物流企业管理实力建设,包括整合能力、管理水平、资金水平、信息化建设等。海上运输指使用船舶通过海上航道在不同国家和地区的港口之间运送货物的一种方式,是国际贸易中最主要的运输方式,国际贸易总量中的2/3以上、我国进出口货运总量的90%都是利用海上运输来完成的[257]。

2. 应用水平

海运是全球贸易的动脉,世界经济的"晴雨表",具备成本低、覆盖广、运量大等许多优势。2020年初,突如其来的新冠疫情给全球航运物流业带来了严重冲击,海运需求锐减、集装箱设备短缺、船期大量延误、舱位难以保证、运价持续上涨等负面因素,导致全球海运物流供应链陷入困境[258]。

从保障性、竞争性和引领性整体居世界前列三个方面综合评价，当今发达国家和地区(包括美国、欧盟和日本)依据发展环境、国情的不同，分别采取了"海权控制模式"、"政策引导模式"和"利益共享模式"等模式来发展海运物流供应链，成功在海运物流供应链的发展中保持了优势地位[259]。根据目前我国海运业发展的现状，相对于欧美在技术、管理、产业发展等方面起步均较晚，处于后发地位，不具备美国的综合国力，也不具备欧洲在技术标准、经济政策创新和全球竞争力的企业，并没有形成符合我国特点的海运模式，未来短期内应采用日本的"利益共享模式"，中期结合"政策引领模式"，远期借鉴"海权控制模式"，真正形成符合我国实际国情和特点的海运模式[260]。

在"十四五"的开局之年，2021年两会政府工作报告中明确提出，要加快 5G 网络、大数据中心等新型基础设施建设，为减碳降排与中国国际物流供应链转型增添新的动能。随着"丝路海运"建设持续推进、"碳中和"工作不断深化，新基建作为信息时代智能化"超车"的关键部署，成为中国国际物流供应链整合转型、综合提升的重要内容。2021 年 4 月，Island Splendor(新峪洋号)轮完成"碳中和"航行，这也是国内首例邮轮航次碳中和成功实践[261]。

第6章 领域指标

领域	类别	序号	类型	指标数据 内容	指标数据 国际	获取 公开	获取 收费	更新频率	备注
海洋能源网	技术类	1	核心	波浪能、潮汐能转换效率≥90%	法国朗斯电站86%，加拿大安纳波利斯电站89.1%	公开	/	每年	
海洋能源网	技术类	2	核心	晶体硅太阳能电池光电转换效率≥26%	德国p型背结(BJ)前/后接触(FBC)晶体硅太阳能电池，其功率转换效率可达26.0%	公开	/	每年	
海洋能源网	技术类	3	核心	砷化镓单波长光伏电池光电转换效率≥65%	Fraunhofer-ISE研究人员在单波长光下使用光伏电池获得了68.9%的转化效率	公开	/	年	
海洋物联网	技术类	1	重要	无人机续航时间	24h	公开	/		美国
海洋物联网	技术类	2	重要	无人机巡航速度	480km/h	公开	/		美国
海洋物联网	技术类	3	核心	全海深无人潜水器下潜深度	10908m	公开	/	实时	中国

续表

领域	类别	序号	类型	指标数据 内容	指标数据 国际	获取 公开	获取 收费	更新频率	备注
海洋物联网	技术类	4	重要	无人艇自主航行距离	4421海里	公开	/	每年	美国
海洋物联网	技术类	5	重要	无人艇最高航速	80节	公开	/	每年	美国
现代海洋农业	统计类	1	重要	渔业增加值同比增长率	8.3%	公开	/	每年	美国国家海洋和大气管理局(2019年)
现代海洋工业	技术类	1	核心	深海海底钻机钻探深度	100m	公开	/	每年	中国
现代海洋服务业	统计类	1	重要	港口集装箱吞吐量排名	新加坡港,36,870,900标箱(注:2020年排名第二)	公开	/	每年	中国

说明:

(1) 晶体硅太阳能电池光电转换效率。德国弗劳恩霍夫太阳能系统研究所(ISE)的研究人员在2021年发表于《自然能源》(Nature Energy)的《具有平衡载流子输运和复合损耗的高效双面接触硅太阳能电池设计规则》("Design rules for high-efficiency both-sides-contacted silicon solar cells with balanced charge carrier transport and recombination

losses")的研究论文中，展示了一种 p 型背结(BJ)前/后接触(FBC)晶体硅太阳能电池，其功率转换效率可达 26.0%，填充因子(FF)为 84.3%。

(2) 砷化镓光伏电池光电转换效率。Fraunhofer-ISE 研究人员在单色光下使用光伏电池获得了 68.9%的转化效率[262]。

(3) 无人机续航时间，重要指标。无人机是搭建物联网系统的有效平台，无人机的续航时间决定了海洋信息传输效率。

(4) 无人机巡航速度，重要指标。无人机的巡航速度，关系到海洋物联网搭建的时效性。

(5) 全海深无人潜水器下潜深度，核心指标。全海深无人潜水器是探究深海信息的有效平台，其下潜深度影响了海洋信息获取的全面性和准确性。2021 年度我国全深海无人潜水器最大下潜深度为 10908m，领先国际水平。

(6) 无人船自主航行距离，重要指标。无人船自主航行是其自主任务能力的基础，是其智能化等级及装备稳定性的判定标准之一。国外目前最新报道的美国大型无人艇"游牧民"号无人艇进行了 2 次从墨西哥湾到加利福尼亚的远程自主航行测试，全程航行了 4421 海里[263]，其中 98%处于自主模式。

(7) 无人船最高航速，重要指标。无人船的航速及其对海况的适应能力是体现其机动性能的关键指标，直接影响任务执行能力。国外目前最新报道的美国 MARTAC 公司研发的 Devil Ray 双体无人水面艇具有高速、高稳定、高机动的特性，爆发速度为 80 节[263]，巡航速度为 25 节，可在 1~5 级海况下运行，在 7 级海况下生存，灵活的双船体形式允许其以超过 6Gs 的爆发速度转弯。2021 年 7 月，Devil Ray 完成了从佛罗里达到巴哈马再返回的全自动航渡，出航耗时 53min，返航耗时 51min，平均航速为 60~65 节。

(8) 渔业增加值年度增长率，重要指标。渔业增加值年度增长率体现了我国渔业经济的增长情况，有利于分析产业发展趋势，并调整相关产业结构。

(9) 深海海底钻机钻探深度，核心指标。深海海底钻机钻探深度决定了海底资源探索的能力。

(10) 港口集装箱吞吐量，重要指标。港口集装箱吞吐量反映该港口国际贸易市场需求量的大小，同时也是进行港口规划和基本建设的依据。2021 年度我国港口吞吐量排名第一，体现了我国港口在国际贸易上面具备显著优势。

作者：陆　军　乔永杰　彭　艳　谭　华　肖　琳

参 考 文 献

[1] 赵婧. 架起信息网络 探知蓝色深海. 中国海洋报, 2019-08-08.
[2] 王金平, 吴秀平, 曲建升, 等. 国际海洋科技领域研究热点及未来布局. 海洋科学, 2021, 45(02): 152-160.
[3] 兰圣伟, 王晶. 联合国"海洋科学促进可持续发展十年"中国研讨会召开. 中国自然资源报, 2021-06-09.
[4] 国外 CSR 动态. WTO 经济导刊, 2018, (01): 17-19.
[5] 赵宁. 全球海洋治理"破冰"前行. 中国自然资源报, 2021-12-24.
[6] 王自堃. 二〇二一年东亚海大会在柬埔寨举行. 中国自然资源报, 2021-12-03.
[7] 李宏策. 失去吸碳能力的海洋或加剧全球变暖. 科技日报, 2021-04-30.
[8] 李宏策. 联合国教科文组织启动全球 eDNA 项目. 科技日报, 2021-10-21.
[9] 余志. 海洋能源的种类. 太阳能, 1999, (04): 25.
[10] 任建莉, 徐璋, 钟英杰, 等. 波浪能发电的开发与展望. 中国海洋学会 2005 年学术年会, 中国宁夏银川, 2005: 148-154.
[11] 王项南, 麻常雷. "双碳"目标下海洋可再生能源资源开发利用. 华电技术, 2021, 43(11): 91-96.
[12] 夏登文, 康健. 海洋能开发利用词典. 北京: 海洋出版社, 2014.
[13] 刘伟民, 刘蕾, 陈凤云, 等. 中国海洋可再生能源技术进展. 科技导报, 2020, 38(14): 27-39.
[14] 迟永宁, 梁伟, 张占奎, 等. 大规模海上风电输电与并网关键技术研究综述. 中国电机工程学报, 2016, 36(14): 3758-3771.
[15] Suparta W. Marine heat as a renewable energy source. Widyakala Journal of Pembangunan Jaya University, 2020, 7(1): 37.
[16] 孙宏斌, 郭庆来, 卫志农. 能源战略与能源互联网. 全球能源互联网, 2020, 3(06): 537-538.
[17] 中国科学院武汉文献情报中心. 美国标准技术研究院发布新版智能电网互操作性标准框架 [2022-5-13]. https://power.in-en.com/html/power-2384863.shtml .
[18] 张晶, 胡纯瑾, 高志远, 等. 能源互联网技术标准体系架构设计及需求分析. 电网技术, 2022, 46(8): 3038-3048.
[19] 陈腾瀚. 欧盟构建能源互联网的实践经验及启示. 国际石油经济, 2022,

30(02): 39-50.
- [20] 冯庆东. 能源互联网与智慧能源. 北京: 机械工业出版社, 2015.
- [21] 张虎, 巢郦君. 日本推进智慧能源发展的政策动向及启示. 管理观察, 2019, (08): 67-69.
- [22] 马鹏程. 海上风电筒型基础静动荷载下筒-土相互作用研究 [博士学位论文]. 天津: 天津大学, 2019.
- [23] 李雨佳. 海上风电汇集系统设计及多端柔直送出控制策略研究 [硕士学位论文]. 北京: 华北电力大学(北京), 2021.
- [24] GWEC, Global Wind Report 2021, 2021.
- [25] 杨光亚. 欧洲海上风电工程实践回顾及未来技术展望. 电力系统自动化, 2021, 45(21): 23-32.
- [26] 陈皓勇, 席松涛. 海上风电成本构成及价格机制. 风能, 2022, (01): 12-15.
- [27] 赵博. 海工船舶新机遇. 中国船检, 2022, (02): 74-78.
- [28] Elliott D, Bell K R W, Finney S J, et al. A comparison of AC and HVDC options for the connection of offshore wind generation in great britain. IEEE Transactions on Power Delivery, 2015, 31(2): 1.
- [29] 姚钢, 杨浩猛, 周荔丹, 等. 大容量海上风电机组发展现状及关键技术. 电力系统自动化, 2021, 45(21): 15.
- [30] Inamdar A, Bhole A. Converters for HVDC transmission for offshore wind farms: A review // 2018 International Conference on Current Trends towards Converging Technologies, 2018, 2(2): 1180-1186.
- [31] Yaramasu V, Wu B, Sen P C, et al. High-power wind energy conversion systems: State-of-the-art and emerging technologies. Proceedings of the IEEE, 2015, 103(5): 740-788.
- [32] Rong F, Wu G, Li X, et al. ALL-DC offshore wind farm with series-connected wind turbines to overcome unequal wind speeds. IEEE Transactions on Power Electronics, 2018, 34(2): 1370-1381.
- [33] 李翔宇, Abeynayake G, 姚良忠, 等. 欧洲海上风电发展现状及前景. 全球能源互联网, 2019, 2(02): 116-126.
- [34] 施夏彬, 周晓天. O-Wind 数字能源服务平台在海上风电项目建设中的应用. 工程技术研究, 2020, 5(22): 239-240.
- [35] 王冀. "蓝"能可贵的海洋能. 地球, 2020, (02): 6-11.
- [36] 潮汐发电[2022-4-19]. https://baike.baidu.com/item/潮汐发电.
- [37] 葛稚新, 王善宇. 潮汐及其能量利用. 石油知识, 2022, (01): 46-47.
- [38] 崔琳, 李蒙, 白旭. 海洋可再生能源技术现状与发展趋势. 船舶工程,

2021, 43(10): 22-33.
[39] Kim G H, Kang M H, Ahn J H, et al. Operation of DC series connected offshore wind farm by using tap changing transformer with MMC-HVDC // 2018 5th International Conference on Renewable Energy: Generation and Applications (ICREGA), 2018: 291-295.
[40] TOP20 在建项目达 1.2GW，漂浮太阳能技术创新和应用走向多元化 [2022-4-12]. https://solar.in-en.com/html/solar-2379921.shtml?msclkid=6d50f9c0ba3511ec87ea2fcc5a8d1ecf.
[41] 黄鑫. 基于 Z-number 的海上光伏发电项目投资风险决策研究 [硕士学位论文]. 北京: 华北电力大学(北京), 2021.
[42] 陈启卷, 高功正, 岳旭辉, 等. 水电与新能源机遇与挑战: 波浪能发电技术研究进展. 水电与新能源, 2020, 34(08): 1-6.
[43] 史宏达, 刘臻. 海洋波浪能研究进展及发展趋势. 科技导报, 2021, 39(06): 22-28.
[44] 刘伟民, 麻常雷, 陈凤云, 等. 海洋可再生能源开发利用与技术进展. 海洋科学进展, 2018, 36(01): 1-18.
[45] Cordonnier J, Gorintin F, Cagny A D, et al. SEAREV: Case study of the development of a wave energy converter. Renewable Energy, 2015, 80: 40-52.
[46] McCabe A P, Bradshaw A, Meadowcroft J A C, et al. Developments in the design of the PS Frog Mk 5 wave energy converter. Renewable Energy, 2006, 31(2): 141-151.
[47] 高功正, 耿大洲, 顾兴远, 等. 漂浮摆式波浪能发电装置的频时域仿真分析. 可再生能源, 2022, 40(03): 421-426.
[48] 刘宁, 米志伟, 刘栋, 等. 基于均匀分布阵列的海上多能联合发电规划及优化. 可再生能源, 2020, 38(12): 1662-1669.
[49] 周雨. 寒潮天气对区域海流能及温差能影响的模拟研究 [硕士学位论文]. 南京: 南京信息工程大学, 2013.
[50] 苏佳纯, 曾恒一, 肖钢, 等. 海洋温差能发电技术研究现状及在我国的发展前景. 中国海上油气, 2012, 24(04): 84-98.
[51] Faizal M, Bouazza A, Singh R M. An overview of ocean thermal and geothermal energy conversion technologies and systems. International Journal of Air-Conditioning and Refrigeration, 2016, 24(03): 1630006.
[52] Kim N J, Ng K C, Chun W. Using the condenser effluent from a nuclear power plant for ocean thermal energy conversion (OTEC). International

Communications in Heat & Mass Transfer, 2009, 36(10): 1008-1013.
[53] 张仂, 孟兴智, 潘文琦. 盐差能利用趋势. 盐科学与化工, 2021, 50(04): 1-3.
[54] 王燕, 刘邦凡, 段晓宏. 盐差能的研究技术、产业实践与展望. 中国科技论坛, 2018, (05): 49-56.
[55] 斯坦福科学家发明污水产能新技术——混合污水与海水回收电能[2022-4-14]. https://www.sohu.com/a/458152750_120053850.
[56] 荷兰首家盐差能试验电厂近期发电[2022-3-24]. http://newenergy.giec.cas.cn/hynxsdtrqshw/201502/t20150202_278191.html.
[57] 王积鹏, 戴磊, 肖琳. 海洋信息网络建设思考 // 2019年全国公共安全通信学术研讨会, 中国新疆乌鲁木齐, 2019: 143-151.
[58] 张丽瑛, 肖阳宏. 欧洲海洋科考船的现状及发展趋势. 船舶物资与市场, 2021, (8): 5.
[59] 张宏军, 何中文, 程骏超. 运用体系工程思想推进"智慧海洋"建设. 科技导报, 2017, 35(20): 13-18.
[60] 夏明华, 朱又敏, 陈二虎, 等. 海洋通信的发展现状与时代挑战. 中国科学: 信息科学, 2017, 47(06): 677-695.
[61] 姜晓轶, 康林冲, 符昱, 等. 海洋信息技术新进展. 海洋信息, 2020, 35(01): 1-5.
[62] 刘园园, 吴维, 张静, 等. 临近空间大气环境特性及探测技术概论. 创新驱动发展 提高气象灾害防御能力——第30届中国气象学会年会, 中国江苏南京, 2013: 357-361.
[63] 栾海. 俄罗斯海军构建水下"互联网"[2022-5-13]. http://www.81.cn/gjzx/2016-12/22/content_7419158.htm.
[64] Kemp M A, Franzi M, Haase A, et al. A high Q piezoelectric resonator as a portable VLF transmitter. Nature Communications, 2019, 10(1): 1715.
[65] 孙雷, 韩峰. 便携式ULF/VLF机械通信天线技术的研究进展. 电讯技术, 2021, 61(03): 384-390.
[66] 窦智, 张彦敏, 刘畅, 等. AUV水下通信技术研究现状及发展趋势探讨. 舰船科学技术, 2020, 42(03): 93-97.
[67] 姜晓轶, 符昱, 康林冲, 等. 海洋物联网技术现状与展望. 海洋信息, 2019, 34(03): 7-11.
[68] 张雪薇, 韩震, 周玮辰, 等. 智慧海洋技术研究综述. 遥感信息, 2020, 35(4): 1-7.
[69] Qiu T, Zhao Z, Zhang T, et al. Underwater internet of things in smart ocean:

System architecture and open issues. IEEE Transactions on Industrial Informatics, 2020, 16(7): 4297-4307.
[70] 瞿逢重, 来杭亮, 刘建章, 等. 海洋物联网关键技术研究与应用. 电信科学, 2021, 37(07): 25-33.
[71] 数字能源[2022-5-13]. https://baike.baidu.com/item/数字能源/22258820?fr=aladdin#reference-[1]-22884924-wrap.
[72] 李颖虹, 王凡, 任小波. 海洋观测能力建设的现状、趋势与对策思考. 地球科学进展, 2010, 25(07): 715-722.
[73] 任翀, 李楠, 张立杰. 基于海洋物联网的快速机动组网观测技术研究. 数字海洋与水下攻防, 2020, 3(06): 477-485.
[74] 程骏超, 何中文. 我国海洋信息化发展现状分析及展望. 海洋开发与管理, 2017, 34(02): 46-51.
[75] 陈建冬, 张达, 王潇, 等. 海底观测网发展现状及趋势研究. 海洋技术学报, 2019, 38(06): 95-103.
[76] 陈佳邑. 走上全球海洋观测的前台. 中国海洋报, 2019-09-02.
[77] Argo. Organization[2022-5-13]. https://argo.ucsd.edu/organization.
[78] 杭州 Argo 野外站. 廿年磨一剑: 中国 Argo[2022-4-12]. http://www.argo.org.cn/index.php?m=content&c=index&a=show&catid=7&id=1023.
[79] Trowbridge J, Weller R, Kelley D, et al. The ocean observatories initiative. Frontiers in Marine Science, 2019, 6: 1-23.
[80] 王彤. 美国"海洋物联网"项目发展现状与关键技术分析. 无人系统技术, 2021, 4(03): 78-82.
[81] 段玉先, 刘昌云, 魏文凤. 战场态势感知关键技术研究. 火力与指挥控制, 2021, 46(11): 1-11+19.
[82] 王彤. "海洋物联网"提升海上分布式态势感知能力[2022-04-14]. https://www.sohu.com/a/394660544_358040.
[83] 陈绍艳, 张多, 麻常雷. 加拿大 VENUS 海底观测网. 海洋开发与管理, 2015, 32(11): 17-19.
[84] Favali P, Beranzoli L, Rolin J F, et al. EMSO: European multidisciplinary seafloor observatory. 2011 IEEE Symposium on Underwater Technology and Workshop on Scientific Use of Submarine Cables and Related Technologies, Tokyo, Japan, 2011.
[85] 李颖虹, 王凡, 王东晓. 中国科学院近海海洋观测研究网络建设概况与展望. 中国科学院院刊, 2008, (03): 274-279+190.
[86] 申中寅. 日本海洋实时监测系统 DONET 简介. 国际地震动态, 2018,

(07): 34-40.
- [87] Liquid Robotics: About us[2022-05-11]. https://www.liquid-robotics.com/about-us/company/.
- [88] CASE STUDY: Japan's First Long-Term Ocean Observation Network[2022-05-11]. https://www.liquid-robotics.com/customer-stories/japans-first-long-term-ocean-observation-network/.
- [89] CASE STUDY: Mobile Hotspots for Ocean Sensors & AUVs[2022-05-11]. https://www.liquid-robotics.com/customer-stories/mobile-hotspots-for-ocean-sensors-auvs/.
- [90] 俞建成, 刘世杰, 金文明, 等. 深海滑翔机技术与应用现状. 工程研究-跨学科视野中的工程, 2016, 8(02): 208-216.
- [91] Burgess R R. Navy's Unmanned Integrated Battle Problem 21 to Culminate in Missile Shoot[2022-01-26]. https://seapowermagazine.org/navys-unmanned-integrated-battle-problem-21-to-culminate-in-missile-shoot/.
- [92] Raytheon Missiles & Defense, DARPA test new warfighting concept designed to transform ocean warfare[2022-01-26]. https://www.raytheonmissilesanddefense.com/news/advisories/raytheon-missiles-defense-darpa-test-new-warfighting-concept-designed-transform .
- [93] Strachan D. Forward…from the Seabed[2022-01-26]. https://cimsec.org/forwardfrom-the-seabed/.
- [94] Analysis: Cyber in the Undersea[2022-01-26]. https://www.strikepod.com/cuber-implications-for-microsubmarines/.
- [95] 波音公司研发巨型无人潜艇 预计 2022 年完成组建[2022-05-11]. https://baijiahao.baidu.com/s?id=1627870535468853535&wfr=spider&for=pc .
- [96] Lye H. Royal Navy details 'Atlantis' hybrid underwater capability[2022-01-26]. https: //www.naval-technology.com/news/royal-navy-details-atlantis-hybrid-underwater-capability/.
- [97] 丁宪浩. 海洋农业基础产业论. 调研世界, 2003, (01): 35-37.
- [98] 丁宪浩. 海洋农业 亟待拓展. 上海经济, 2003, (05): 22-24.
- [99] Green Ocean[2022-4-12]. https://www.n-ark.jp/en/technology/#:~:text=The%20Green%20Ocean%20floats%20on,plants%20under%20the%20sea%20surface.
- [100] 宗艳梅, 魏珂, 李国栋, 等. 海洋渔业声学装备关键技术研究进展. 渔业现代化, 2021, 48(03): 28-35.
- [101] 杨宁生, 袁永明, 孙英泽. 物联网技术在我国水产养殖上的应用发展对策. 中国工程科学, 2016, 18(03): 57-61.

[102] 美国推出可持续捕捞新技术——智能捕捞. 渔业现代化, 2015, 42(03): 42.

[103] 孙永文, 张胜茂, 蒋科技, 等. 远洋渔船电子监控技术应用研究进展及展望. 海洋渔业, 2022, 44(01): 103-111.

[104] 胡方珍, 盛伟群, 王体涛. 深远海养殖装备技术现状及标准化工作建议. 船舶标准化工程师, 2021, 54(05): 6-12.

[105] 付晓月, 黄大志, 徐慧丽, 等. 深远海网箱水产养殖发展概述. 水产养殖, 2021, 42(10): 23-26.

[106] 闫国琦, 倪小辉, 莫嘉嗣. 深远海养殖装备技术研究现状与发展趋势. 大连海洋大学学报, 2018, 33(01): 123-129.

[107] 陈坤鑫, 盛松伟, 张亚群, 等. 海工型渔业养殖网箱技术现状与发展趋势. 新能源进展, 2020, 8(05): 440-446.

[108] 路晓磊, 陈默. 物联网在海洋相关领域研究与应用进展. 海洋开发与管理, 2021, 38(07): 43-47.

[109] Water Power Technologies Office. SeaRAY Could Power Offshore Work and Help Protect Oceans With Energy From Ocean Waves[2022-02-08]. https://www.energy.gov/eere/water/articles/searay-could-power-offshore-work-and-help-protect-oceans-energy-ocean-waves.

[110] Coming soon? Ocean Farm 2 and a 23,000t super-cage[2022-02-08]. https://www.fishfarmingexpert.com/article/coming-soon-ocean-farm-2-and-a-23000-tonne-super-cage .

[111] 萧惠中, 张振. 全球主要国家天然气水合物研究进展. 海洋开发与管理, 2021, 38(01): 36-41.

[112] 于淼, 邓希光, 姚会强, 等. 世界海底多金属结核调查与研究进展. 中国地质, 2018, 45(01): 29-38.

[113] 杨建民, 刘磊, 吕海宁, 等. 我国深海矿产资源开发装备研发现状与展望. 中国工程科学, 2020, 22(06): 1-9.

[114] 王璐, 梁倩. 向全面建成海上智能油田冲刺. 经济参考报, 2021-10-21.

[115] Warner M, Nangoo T, Umpleby A, et al. Adaptive reflection waveform inversion: Faster, tighter, deeper, smarter//First International Meeting for Applied Geoscience & Energy Expanded Abstracts. Society of Exploration Geophysicists, 2021: 582-586.

[116] 王秀强. 海上石油"数智化"重构. 能源, 2021, (11): 10-14.

[117] 侯亮, 杨虹, 尹成芳, 等. 2021 国外测井技术现状与发展趋势. 世界石

油工业, 2021, 28(06): 53-57.
[118] 李小松. 数字孪生或将成为油气运营的支柱. 中国石油报, 2021-05-25.
[119] 郭丽芳, 林珊. 福建发展海洋服务业的瓶颈与对策. 福建论坛(人文社会科学版), 2013, (11): 135-139.
[120] 罗本成. 从新加坡港看全球智慧港口的发展趋势. 中国港口, 2020, (11): 5-9.
[121] 赵毅, 余娟. 5G对全球集装箱港口自动化发展的影响及应用. 上海船舶运输科学研究所学报, 2020, 43(03): 85-90.
[122] 罗本成. 鹿特丹智慧港口建设发展模式与经验借鉴. 中国港口, 2019, (01): 20-23.
[123] 丁军. 航运企业ERP管理模式研究 [硕士学位论文]. 武汉: 武汉理工大学, 2006.
[124] 眭凌, 徐萍, 东朝晖. 国外典型港口信息化发展现状与趋势分析. 综合运输, 2011, (05): 77-81.
[125] 陈琳, 杨龙霞. 世界主要造船国家智能船舶发展现状. 船舶标准化工程师, 2019, 52(04): 10-14.
[126] 冯书桓. 智能船舶发展, 日本与欧洲殊途如何同归?. 中国船检, 2021, (10): 16-19.
[127] 严新平, 刘佳仑, 范爱龙, 等. 智能船舶技术发展与趋势简述. 船舶工程, 2020, 42(03): 15-20.
[128] Broni-Bedaiko C, Katsriku F A, Unemi T, et al. El niño-southern oscillation forecasting using complex networks analysis of LSTM neural networks. Artificial Life and Robotics, 2019, 24(4): 445-451.
[129] 李雪冰. 水下安防系统目标定向与识别技术研究 [硕士学位论文]. 哈尔滨: 哈尔滨工程大学, 2017.
[130] 孙玉臣, 王德石, 李宗吉, 等. 蛙人探测声呐系统发展综述. 水下无人系统学报, 2021, 29(05): 509-523.
[131] 张寅权, 张爽, 孙春健, 等. 水下目标监视系统发展综述. 海洋信息, 2019, 34(01): 11-18.
[132] 侯雪燕, 洪阳, 张建民, 等. 海洋大数据:内涵、应用及平台建设. 海洋通报, 2017, 36(04): 361-369.
[133] 李潇, 许艳, 杨璐, 等. 世界主要国家海洋环境监测情况及对我国的启示. 海洋环境科学, 2017, 36(3): 474-480.
[134] 杨璐, 黄海燕, 李潇, 等. 德国海洋生态环境监测现状及对我国的启示. 海洋环境科学, 2017, 36(05): 796-800.

[135] 习近平: 要进一步关心海洋、认识海洋、经略海洋[2022-02-08]. http://www.gov.cn/ldhd/2013-07/31/content_2459009.htm.

[136] 陈晓霞. 经略海洋战略背景下海洋行政管理职能优化研究 [硕士学位论文]. 曲阜: 曲阜师范大学, 2020.

[137] 安海燕, 鄂歆奕, 王晶, 等. 二○二一, 我在现场. 中国自然资源报, 2022-01-01.

[138] 杨华. 海洋基本法的立法定位与体系结构[2022-03-07]. https://www.shupl.edu.cn/2021/0112/c1170a86191/page.htm.

[139] 安海燕, 赵宁, 高悦, 等. 辛丑笔记. 中国自然资源报, 2022-02-01.

[140] 金凤. 创新照亮新征程 中国科技创新九大成果. 科学大观园, 2022, (02): 20-23.

[141] 张占奎, 石文辉, 屈姬贤, 等. 大规模海上风电并网送出策略研究. 中国工程科学, 2021, 23(04): 182-190.

[142] 福建省第一个海上漂浮式光伏项目正式完工投运[2022-03-024]. http://fj.news.cn/shidian/2022-01/08/c_1128243763.htm.

[143] 王项南, 麻常雷. "双碳"目标下海洋可再生能源资源开发利用. 华电技术, 2021, 43(11): 91-96.

[144] 宁凌, 唐静, 廖泽芳. 中国沿海省市海洋资源比较分析. 中国渔业经济, 2013, 31(01): 141-149.

[145] 江厦潮汐试验电站入选第五批国家工业遗产[2022-03-24]. https://www.163.com/dy/article/GSB2H3MF0552ADWT.html.

[146] 盛松伟, 王坤林, 吝红军, 等. 100 kW鹰式波浪能发电装置 "万山号" 实海况试验. 太阳能学报, 2019, 40(03): 709-714.

[147] 赵宁. 海洋科技向创新引领型转变. 中国自然资源报, 2021-12-22.

[148] 吴金明. 鸭式波浪能转换单元的锁定控制与阵列布局设计的研究 [博士学位论文]. 哈尔滨: 哈尔滨工业大学, 2018.

[149] 国家海洋局关于印发《海洋可再生能源发展"十三五"规划》的通知. 国家海洋局公报, 2017, (01): 43-50.

[150] 胡聪, 毛海英, 尤再进, 等. 中国海域波浪能资源分布及波浪能发电装置适用性研究. 海洋科学, 2018, 42(03): 142-148.

[151] 李泓. 我国电能存储技术研发现状和未来展望. 高科技与产业化, 2018, (04): 42-47.

[152] 廖修谱, 周全, 李磊, 等. 一种适用于远海风电直流汇集送出换流阀的拓扑及其技术经济性分析. 中国电力, 2022, 55(6): 118-127.

[153] 我国首个南极风光柴储多能互补智能微电网, 突破极地低温限制!

[2022-3-25]. https://www.sohu.com/a/303797031_100016667.

[154] 蒋冰, 郑艺, 华彦宁, 等. 海上应急通信技术研究进展. 科技导报, 2018, 36(06): 28-39.

[155] 杨劲坚. 浙大自主研制水声通信机成功实现 14 公里高速率通信[2021-12-14]. http://oc.zju.edu.cn/2021/1214/c55322a2454117/page.htm.

[156] Li D, Wu Y, Zhu M, et al. An enhanced iterative receiver based on vector approximate message passing for deep-sea vertical underwater acoustic communications. The Journal of the Acoustical Society of America, 2021, 149(3): 1549-1558.

[157] 牛海强, 李整林, 王海斌, 等. 水声被动定位中的机器学习方法研究进展综述. 信号处理, 2019, 35(9): 1450-1459.

[158] 杨宏晖, 徐光辉, 李俊豪, 等. 被动水下目标识别研究进展综述. 无人系统技术, 2019, 2(04): 1-7.

[159] "长征"四号 B 成功发射"海洋"二号 D 星!我国首个海洋动力环境卫星星座来了. 中国航天, 2021, (5): 1.

[160] 刘锦洋, 张未, 刘庆丰, 等. 高分三号 02 星入列, 我国卫星海陆观测能力进一步提升. 科技日报, 2021-11-24(002).

[161] 声场声信息国家重点实验室. 新型深海分布式声学接收系统为海洋科考添"利器" [2022-05-26]. http://www.ioa.cas.cn/xwzx/kydt/201801/t20180112_493 2229.html.

[162] Shi Y, Yang Y, Tian J, et al. Long-term ambient noise statistics in the northeast South China Sea. The Journal of the Acoustical Society of America, 2019, 145(6): EL501-EL507.

[163] 李整林, 杨益新, 秦继兴, 等. 深海声学与探测技术. 上海: 上海科学技术出版社, 2020.

[164] 10896 米!"悟空号" AUV 再创潜深纪录[2022-01-26]. http://news.hrbeu.edu.cn/info/1141/68975.htm.

[165] 李风华, 路艳国, 王海斌, 等. 海底观测网的研究进展与发展趋势. 中国科学院院刊, 2019, 34(03): 321-330.

[166] 杨红生, 章守宇, 张秀梅, 等. 中国现代化海洋牧场建设的战略思考. 水产学报, 2019, 43(04): 1255-1262.

[167] 现代海洋牧场构建技术创新与集成应用. 中国科学院院刊, 2018, 33(06): 644-645.

[168] 中国科学院胶州湾海洋生态系统定位研究站. 中国科学院院刊, 2019, 34(12): 1467-1469+1488.

[169] 廖洋. 建设海洋生态牧场 打造生态"蓝色粮仓"——记现代海洋农业技术应用. 科学新闻, 2020, (04): 52-54.
[170] 王恩辰, 韩立民. 浅析智慧海洋牧场的概念、特征及体系架构. 中国渔业经济, 2015, (2): 11-15.
[171] 石尧, 李晖, 杨永钦, 等. 海洋牧场多参数智能监测系统设计与实现. 传感器与微系统, 2017, 36(09): 70-72+76.
[172] 石建高, 余雯雯, 卢本才, 等. 中国深远海网箱的发展现状与展望. 水产学报, 2021, 45(06): 992-1005.
[173] 亚洲最大量产型深海智能网箱下水交付. 走向世界, 2021, (21): 9.
[174] 杨剑波. 基于 Z-源逆变器的变速定桨风电系统功率控制策略的研究[硕士学位论文]. 长沙: 湖南大学, 2017.
[175] 中国海油集团能源经济研究院. 中国海洋能源发展报告 2021. 北京: 石油工业出版社, 2021.
[176] 颦楚. 2021 智慧港口 TOP30. 互联网周刊, 2021, (15): 22-23.
[177] 张海鹏. 日照港牵头研发的重点项目——区块链+港口正式启动. 大陆桥视野, 2021, (06): 29.
[178] 刘鹏飞, 韩泽武. 跨境交易 实现信用体系"零成本". 人民法治, 2019, (22): 32-33.
[179] 张欣. 国际港口发展趋势与上海智慧港口建设. 张江科技评论, 2022, (01): 38-39.
[180] 新技术·新产品. 网信军民融合, 2021, (10): 73-80.
[181] 张雯雯. 宁波舟山港: 距离世界一流强港还有多远. 宁波经济(财经视点), 2022, (02): 52-53.
[182] 港口货物旅客吞吐量[2022-3-25]. https://www.mot.gov.cn/tongjishuju/gangkouhuowulvkettl.
[183] 杨广华. 雪佛龙船舶润滑油在中国市场营销策略研究[硕士学位论文]. 上海: 上海交通大学, 2009.
[184] 中华人民共和国国务院新闻办公室. 中国交通的可持续发展. 人民日报, 2020-12-23.
[185] 李日霞. 国内智能船舶的发展与展望. 新型工业化, 2021, 11(04): 33-35+40.
[186] 全球第二艘智能 VLCC 交付. 船舶物资与市场, 2019, (09): 3.
[187] 海工人. 中国首艘具有自主航行能力的智能船"智飞"号顺利开展海上测试. 机电设备, 2021, 38(05): 94.
[188] 张颖, 张军献, 李航, 等. 黄河入河排污口监督管理系统的设计与实现.

人民黄河, 2012, 34(11): 50-51.
- [189] 杨灿军, 陈燕虎. 海洋能源获取、传输与管理综述. 海洋技术学报, 2015, 34(03): 111-115.
- [190] 吴旭升, 孙盼, 杨深钦, 等. 水下无线电能传输技术及应用研究综述. 电工技术学报, 2019, 34(08): 1559-1568.
- [191] 曹保玉, 王瑾. 大数据集成在海洋环境监测中的应用. 资源节约与环保, 2020, (02): 44.
- [192] 徐洪顺. 海洋生态环境监测工作的发展及展望探索. 皮革制作与环保科技, 2021, 2(23): 48-50.
- [193] 陈菲, 王蓉. 基于大数据的海洋安全治理论析. 太平洋学报, 2021, 29(07): 93-104.
- [194] 王永皎, 王冬海, 张博, 等. 海洋网络信息体系的基础设施研究. 无线电通信技术, 2021, 47(4): 439-443.
- [195] 张海君, 苏仁伟, 唐斌, 等. 未来海洋通信网络架构与关键技术. 无线电通信技术, 2021, 47(4): 8.
- [196] 王妍, 魏莱. 构建智慧海洋体系, 建设世界海洋强国. 今日科苑, 2021, (11): 66-73.
- [197] 未来海洋网信体系将朝网络化无人化智能化发展[2022-4-18]. https://news.sciencenet.cn/htmlnews/2019/7/428892.shtm.
- [198] 翟璐, 倪国江. 国外海洋观测系统建设及对我国的启示. 中国渔业经济, 2018, 36(01): 33-39.
- [199] 王少勇. 国家海洋信息产业发展联盟成立[2022-4-18]. http://www.mnr.gov.cn/dt/ywbb/201907/t20190731_2450878.html.
- [200] 闫贵福. 海洋人才新力量 大专院校和科研院所成海洋人才集聚要地. 求贤, 2020, (08): 22-23.
- [201] 倪娜. 构建我国海洋能技术创新体系政策框架的思考. 海洋开发与管理, 2021, 38(10): 28-32.
- [202] 丰利军, 朱春波, 张剑韬, 等. 水下无人航行器水下无线充电关键技术研究. 舰船科学技术, 2020, 42(23): 159-162.
- [203] 马勤冬. 模块化储能技术的研究[硕士学位论文]. 上海: 上海交通大学, 2016.
- [204] 杨益新, 韩一娜, 赵瑞琴, 等. 海洋声学目标探测技术研究现状和发展趋势. 水下无人系统学报, 2018, 26(5): 369-386.
- [205] 黄海宁, 李宇. 水声目标探测技术研究现状与展望. 中国科学院院刊, 2019, 34(3): 264-271.

[206] 杨玉春. 测深侧扫声呐关键技术研究[硕士学位论文]. 北京: 中国舰船研究院, 2014.

[207] 孙凌. 面向房地产行业的企业知识门户的设计与实现 [硕士学位论文]. 南京: 南京理工大学, 2007.

[208] 齐鹏, 林琪超, 王飞. 基于大数据技术的智能交通管理模式. 计算机产品与流通, 2019.

[209] 李满意. 维护海洋信息安全 助力海洋强国战略——访青岛海洋科学与技术国家实验室学术委员会主任, 中国工程院院士管华诗. 保密科学技术, 2017, (4): 6-9.

[210] 李大海, 吴立新, 陈朝晖. "透明海洋" 的战略方向与建设路径. 山东大学学报 (哲学社会科学版), 2019, 2.

[211] 王娉. "海底发现"探秘深海稀土"家底" "蓝色开发"破译极端生命过程[2022-4-18]. http://www.dailyqd.com/epaper/html/2020-01/13/content_272534.htm.

[212] 杨红生, 茹小尚, 张立斌, 等. 海洋牧场与海上风电融合发展:理念与展望. 中国科学院院刊, 2019, 34(06): 700-707.

[213] 王璐. 中国海油董事长汪东进: 实施三大工程 不断推动我国海洋石油工业高质量发展. 经济参考报, 2021-12-02.

[214] 海洋石油工程股份有限公司. 海洋石油工程股份有限公司 关键技术创新推动石油工业高质量发展. 中国信息化周报, 2021-11-01.

[215] 徐志泉. 基于海南自贸区建设的海洋现代服务业构建. 管理观察, 2019, (35): 97-98.

[216] 胡跃. 我国海洋服务业发展经验及启示. 合作经济与科技, 2019, (16): 32-33.

[217] 尚岩, 肖强, 王云飞, 等. 青岛市海洋信息服务业的发展建议. 中国科技信息, 2018, (02): 32-34.

[218] 李晋, 蒋冰, 姜晓轶, 等. 海洋信息化规划研究. 科技导报, 2018, 36(14): 57-62.

[219] 王建春, 薛岩, 王科. 海洋渔业管理信息化建设实践探析. 农业开发与装备, 2020, 3: 100-107.

[220] 陆军, 程晔增. 运用科学体系工程思想经略智慧海洋. 无线电通信技术, 2021, 47(4): 379-381.

[221] 雒德宏, 何亮. 全球首台抗台风型漂浮式海上风电机组建成. 科技日报, 2021-07-28.

[222] 王明华. 我国潮汐能开发前景广阔. 水资源研究, 2008, 29(3): 28.

[223] 宋文吉, 韩颖, 冯自平, 等. 新能源技术在华南地区应急科技装备中的应用潜力分析. 新能源进展, 2021, 9(03): 258-264.

[224] Li C, Wen L, Sui X, et al. Large-scale, robust mushroom-shaped nanochannel array membrane for ultrahigh osmotic energy conversion. Science Advances, 2021, 7(21): eabg2183.

[225] 2021 年度中国地质调查局中国地质科学院地质调查十大进展地质科技十大进展. 中国地质, 2022, 49(01): 350-354.

[226] 国内最长最深海底大地电磁探测完成. 设备管理与维修, 2019, (19): 6.

[227] 崔爽. "妈祖"填补我国海洋环流数值预报领域空白. 科技日报, 2021-12-30.

[228] 陈瑜. 我国实现大规模多类型无人无缆潜水器组网作业. 科技日报, 2021-09-24.

[229] 哈工程海洋机器人集群成功完成 分布式、全自主协同作业[2022-3-25]. https://baijiahao.baidu.com/s?id=1692994155873360468&wfr=spider&for=pc.

[230] 我国成功发射海洋一号 D 卫星 发展海洋卫星打造智能化海洋观测体系[2022-3-25]. http://www.nnnews.net/yaowen/p/3043726.html.

[231] 海洋二号卫星"三兄弟"聚太空[2022-3-31]. http://pecsoa.cn/xc/gzdt/202105/t20210525_69775.html.

[232] 王积鹏, 戴磊, 肖琳. 海洋信息网络建设思考. 2019 年全国公共安全通信学术研讨会优秀论文集, 2019.

[233] 海底科学观测系统项目办公室. 国家海底科学观测网监测与数据中心建筑主体结构封顶[2022-3-31]. https://news.tongji.edu.cn/info/1003/74797.htm.

[234] 王晶. 自然资源部与山东省共建国家海洋综合试验场(威海)[2022-3-31]. http://www.mnr.gov.cn/dt/ywbb/202109/t20210928_2682813.html.

[235] 张占海. 打通海洋信息资源"大动脉"推进海洋信息化进程——《关于进一步加强海洋信息化建设的若干意见》解读. 海洋信息, 2018(01): 7-10.

[236] 《2020 年中国海洋经济统计公报》发布[2022-4-18]. https://m.gmw.cn/baijia/2021-04/01/34732756.html.

[237] 崔晓健. 《2021 中国海洋经济发展指数》解读[2022-4-18]. http://www.mnr.gov.cn/dt/hy/202202/t20220216_2728753.html.

[238] 贾宇, 张平. 习近平海洋经济发展重要论述内涵探析. 大连海事大学学报(社会科学版), 2021, 20(06): 1-7.

[239] 自然资源部海洋战略规划与经济司. 2020 年中国海洋经济统计公报, 2021[2022-4-18]. http://gi.mnr.gov.cn/202103/t20210331_2618719.html.

[240] 廖洋, 纪粹琳. 青岛蝉联中国大陆海洋科技指数第一名[2022-4-18]. https://news.sciencenet.cn/htmlnews/2021/10/467887.shtm.

[241] 谢方, 雪林. 辽宁沿海经济带 12 年后再出发. 东北之窗, 2021, (12): 30-32.

[242] 丁跃忠, 叶聪. 万米深海领航员——记"奋斗者"号总设计师、万米海试总指挥叶聪. 国际人才交流, 2021, (03): 30-33.

[243] "奋斗者"深潜超万米 "全海深"中国今梦圆[2022-4-18]. https://baijiahao.baidu.com/s?id=1683467567408933370&wfr=spider&for=pc.

[244] 叶学东. 浅析碳达峰、碳中和形势下石膏建材行业发展机遇与挑战. 磷肥与复肥, 2021, 36(10): 1-5.

[245] 张晓惠, 张志丹, 孙国鼐, 等. 天津经济技术开发区关于生态效益和"从摇篮到摇篮"循环经济的实践探索. 世界环境, 2021, (06): 45-47.

[246] 低碳生活发展脉络. 网络传播, 2021, (09): 70-71.

[247] 王馨悦, 张景瑜. 顺应能源转型趋势 把握低碳变革机遇. 中国石油报, 2021-07-20.

[248] 阿里巴巴碳中和行动报告[2022-5-13]. https://baike.baidu.com/item/阿里巴巴碳中和行动报告/59585236?fr=aladdin.

[249] 王玉堂. 试析抗风浪深海网箱养鱼技术的发展前景. 中国水产, 2001, (07): 24-25.

[250] 胡保友, 杨新华. 国内外深海养殖网箱现状及发展趋势. 硅谷, 2008, (10): 28-29.

[251] 农业农村部渔业渔政管理局, 全国水产技术推广总站, 中国水产学会. 2021 中国渔业统计年鉴. 北京: 中国农业出版社, 2021.

[252] 亚洲首座最大量产型深海智能网箱"经海 001 号"落户长岛[2022-3-31]. http://hyj.yantai.gov.cn/art/2021/6/15/art_1657_2899764.html.

[253] 张德君, 郑光慧, 魏伟, 等. 基于智能油田建设的信息技术专业标准体系探讨. 中国标准化, 2021, (12): 34-39.

[254] 沈意平, 张小军, 李学军, 等. 海上浮式风机载荷计算与动力学分析研究综述. 湖南科技大学学报(自然科学版), 2017, 32(04): 23-31.

[255] 徐敦彬, 郝威, 王永力, 等. 微网多目标优化运行及控制策略. 电子技术与软件工程, 2016, (23): 239.

[256] 刘晓辉, 高人杰, 薛宇. 浮式风力发电机组现状及发展趋势综述. 分布式能源, 2020, (3): 8.

[257] 海上运输[2022-4-15]. https://baike.baidu.com/item/海上运输?fromtitle=海运&fromid=5740920.
[258] 2021 全球海运供应链形势分析 国际集装箱海运市场趋势数据[2022-4-15]. https://www.chinairn.com/hyzx/20210220/174719255.shtml.
[259] 贾大山. 当今海运强国及其发展模式启示. 中国水运, 2013, (06): 10-11.
[260] 郭兆阳, 曹宇, 金明. 主要国家发展国际海运物流供应链的经验及启示. 珠江水运, 2020, (22): 43-44.
[261] 余璇. "丝路海运"推动中国国际物流供应链转型的创新路径——基于碳中和视阈. 对外经贸实务, 2021, (10): 89-92+96.
[262] Helmers H, Lopez E, Höhn O, et al. 68.9% Efficient GaAs-based photonic power conversion enabled by Photon recycling and optical resonance. Physica Status Solidi (RRL)-Rapid Research Letters, 2021, 15(7): 2100113.
[263] 2021 年无人水面艇发展动态[2022-5-18]. http://news.sohu.com/a/523682984_358040.